Der Mensch ist nur da ganz Mensch, wo er spielt. Was Schiller einst dachte, bestätigt heute die Neurowissenschaft: Im Spiel entfalten Menschen ihre Potenziale, beim Spiel erfahren sie Lebendigkeit. Doch das Spiel ist bedroht – durch seine Kommerzialisierung ebenso wie durch suchterzeugende Online-Spiele. Der Hirnforscher Gerald Hüther und der Philosoph Christoph Quarch wollen sich damit nicht abfinden. Sie erläutern, warum unser Gehirn zur Hochform aufläuft, sobald wir es spielerisch nutzen, erinnern an die Wertschätzung des Spiels in früheren Kulturen und zeigen, welche Spiele dazu angetan sind, Freiräume für Lebensfreude zu öffnen – damit wir unsere spielerische Kreativität nicht verlieren.

Gerald Hüther ist Neurobiologe und befasst sich mit dem Einfluss früher Erfahrungen auf die Hirnentwicklung. Christoph Quarch ist Philosoph, Autor und Berater.

Gerald Hüther
Christoph Quarch

Rettet das Spiel!

Weil Leben mehr als Funktionieren ist

btb

Die Originalausgabe erschien 2016 im
Carl Hanser Verlag, München.

MIX
Papier aus verantwortungsvollen Quellen
FSC® C014496

Penguin Random House Verlagsgruppe FSC® N001967

5. Auflage
Genehmigte Taschenbuchausgabe Juni 2018

Covergestaltung: semper smile, München
nach einem Entwurf von Hauptmann & Kompanie, Zürich
Covermotiv: © Hauptmann & Kompanie, Zürich
Druck und Einband: GGP Media GmbH, Pößneck
mb · Herstellung: sc
Printed in Germany
ISBN 978-3-442-71637-1

www.btb-verlag.de
www.facebook.com/btbverlag

INHALT

VORSPIEL

WAS WIRD AUS UNS, WENN WIR AUFHÖREN ZU SPIELEN?

Wir Menschen sind wunderbare Wesen. Wir verfügen über eine Fähigkeit, die uns unglaubliche Möglichkeiten eröffnet: Wir können zeitlebens Neues hinzulernen. Ausgestattet mit lernfähigen Gehirnen sind wir in der Lage, die Welt, in der wir leben, nach unseren eigenen Vorstellungen zu gestalten. Das haben wir getan. Und wie wir das getan haben!

Allmählich jedoch beginnen wir zu erkennen, dass nicht alles, was uns und unseren Vorfahren einmal wünschenswert erschien, uns und unseren Kindern auch wirklich ein gutes und glückliches Leben und Zusammenleben ermöglicht. Manches, was vor wenigen Jahren noch als erstrebenswert galt, bereitet uns zunehmend größere und schwerer zu lösende Probleme. Aber langsam dämmert uns, dass die Fähigkeit, die Welt nach Maßgabe der eigenen Wünsche und Ideen zu gestalten, nicht zwangsläufig von Vorteil ist.

Denn dieses wunderbare Gehirn hat als nicht durch genetische Programme konstruiertes Denkorgan auch einen entscheidenden Nachteil: Bei dem, was wir uns damit ausdenken, können wir uns irren. Was wir gestern noch für richtig und wichtig hielten, kann sich morgen schon als fataler Irrtum erweisen. Und allzu oft haben wir in Form von Leid und Elend anschließend einen hohen Preis für diese Irrtümer gezahlt: Angst, Ohnmacht, der Verlust von Lebensfreude. Wir sollten also vorsichtig sein bei der Umsetzung dessen, was uns auf den ersten Blick als wünschenswert oder bisweilen auch alternativlos erscheint.

Gewiss ist es kein Fehler, bei dem, was wir tun, danach zu fragen, wie es sich am einfachsten, schnellsten und kostengünstigsten machen lässt, wie sich unser Handeln effektiver organisieren und unser gesamtes Leben ökonomischer und bequemer gestalten lässt. Dass solche Fragestellungen aber nicht auf alle Lebensbereiche ausgeweitet werden können, bemerken wir meistens erst dann, wenn uns bei aller Effektivität, Funktionalität, Produktivität und Profitabilität etwas verloren gegangen ist: etwas, das wir dringend brauchen, um unser Leben nicht nur möglichst angenehm, sicher und nutzbringend zu gestalten, sondern auch und vor allem so, dass es uns erfüllt und wir Lebendigkeit, Leichtigkeit und Lebenslust verspüren, ja, dass es uns glücklich macht. Genau das aber ist in unserer gegenwärtigen, vom ökonomischen Denken beherrschten Welt eher die Ausnahme. Viele Menschen fühlen sich einsam, unglücklich und ausgebrannt. Psychische Krankheiten greifen um sich und eine diffuse Unrast macht sich breit. Könnte es also sein, dass wir uns mit unserer Vorstellung davon, worauf es im Leben ankommt, geirrt haben?

Solche Gedanken zu denken, ist schmerzhaft, aber anders können wir nicht herausfinden, was uns hilft und was uns schadet. Nur aus den Fehlern, die wir machen, und aus den Fehlentwicklungen, die wir in Gang setzen, können wir lernen, was besser oder richtiger gewesen wäre: was uns glücklicher, kreativer, gesünder, entwicklungsfähiger gemacht hätte – und machen könnte. Doch was genau könnte das sein?

Es könnte etwas sein, das wir in den letzten Jahrzehnten über all unseren Anstrengungen, das Leben gewinnbringender, erfolgreicher, effektiver, sicherer und bequemer zu machen, aus dem Blick verloren haben: die Lust am Spielen. Was das bedeutet und welche Konsequenzen es für uns hat – für jede Einzelne und jeden Einzelnen ebenso wie für unsere Gesellschaft im Ganzen: Davon handelt dieses Buch.

Wir haben es geschrieben, weil wir um den Fortbestand unserer Kultur besorgt sind; weil wir der fortschreitenden Funktionalisierung und Ökonomisierung unseres Lebens Einhalt gebieten wollen; weil wir die Freiheit und Schönheit des Lebens bewahren wollen. Wir haben es geschrieben, weil uns die Hoffnung bewegt, in einer gemeinsamen Anstrengung die schönste Pflanze der abendländischen Kultur zu neuer Blüte zu bringen. – Deshalb werben wir für unseren zivilisatorischen Imperativ: Rettet das Spiel!

Dass es tatsächlich möglich ist, dem Ernst des Lebens spielerisch zu begegnen, können Sie sich womöglich nur schwer vorstellen – gerade angesichts all der Krisen, die unsere Gesellschaft zu Beginn des 21. Jahrhunderts erschüttern. Aber davon wollen wir uns nicht entmutigen lassen. Deshalb bieten wir Ihnen jetzt die Gelegenheit zu erleben, wie schnell Sie Ihre Meinung ändern und lieb gewonnene Denkgewohnheiten ablegen können. Sie brauchen dafür noch nicht einmal dieses Buch von der ersten bis zur letzten Seite durchzulesen: Wir kommen direkt auf den Punkt. Genauer gesagt: auf fünf Punkte.

Erstens: Sie spielen öfter, als Sie denken. Schon wenn Sie denken, spielen Sie. Zumindest dann, wenn Sie in Gedanken alle vorstellbaren Möglichkeiten zur Lösung eines Problems, zum Erreichen eines Ziels oder zur Realisierung einer Absicht durch*spielen*: Bevor Sie handeln, überlegen Sie erst einmal, wahrscheinlich sogar sehr sorgfältig, wie Sie das, was Sie vorhaben, verwirklichen könnten. Sie tun erst einmal noch nichts (jedenfalls dann, wenn Sie einigermaßen bei Verstand sind). Erst einmal probieren Sie gedanklich aus, was alles denkbar und dann vielleicht auch umsetzbar ist.

Genau dasselbe taten Sie auch schon als kleines Kind, wenn Sie in Mutters Küche alle möglichen Kochutensilien herauskramten und sich fragten, was sich wohl damit alles machen lässt. Weil Ihre Vorstellungskraft damals noch nicht ganz so gut entwickelt war wie heute, werden Sie das Mögliche weniger gedacht, dafür aber praktisch ausprobiert haben. Wenn Kinder so etwas tun, sagen wir: Sie spielen.

Als denkender Erwachsener haben Sie genau genommen nur die Spielweise verändert: Gedankenspiele statt Kinderspiele. So oder so aber Spiele. Herzlich willkommen in der Welt, in der der Mensch nur dort ganz Mensch ist, wo er spielt. Denn was wären wir, wenn wir aufhörten zu spielen? Wir würden dann genauso reagieren wie ein Computer. Die können, weil sie nicht die Fähigkeit haben, in Gedanken zu spielen, auch immer nur das hervorbringen, wofür jemand sie programmiert hat. Ein Leben ganz ohne Gedankenspiele wäre ein Leben ohne Lebendigkeit.

Wir machen weiter.

Zweitens: Das spielerische Erproben dessen, was alles geht, ist nicht nur die entscheidende Voraussetzung dafür, dass Sie sich selbst als denkendes Wesen erleben können. Es ist auch das, was unseren äffischen Vorfahren den Weg zur Menschwerdung ermöglicht hat. Nichts von all dem, was im Verlauf dieses langen Prozesses erreicht worden ist, hätten Menschen erfinden, entdecken, bauen und nutzen können, wenn diese Fähigkeit in ihrem Gehirn nicht von Anfang an als Potenzial angelegt gewesen wäre. Zeugnisse dieses frühen Spielens finden wir noch heute in Höhlenzeichnungen. Auch die Mythen unserer Ahnen sind voller spielerischer Eleganz.

Nach allem, was wir wissen, spielen Menschen schon so lange, wie es Menschen gibt. Das kann auch gar nicht anders sein: Hätten sie nicht gespielt, wären sie nie in der Lage gewesen, den gesamten Erdball zu bevölkern und all das zu erfinden und zu entdecken, was uns als Menschen heute so selbstverständlich geworden ist. Ohne die immer neue spielerische Erkundung der in uns angelegten Potenziale hätten wir Menschen uns gar nicht weiterentwickeln können. Dass wir die Herausforderungen einer sich ständig verändernden Lebenswelt überhaupt zu meistern vermochten, uns an neue Gelegenheiten anpassen, neue Möglichkeiten erschließen konnten – und nicht irgendwann im Zuge der Evolution ausgestorben sind –, verdanken wir unserer Fähigkeit zu spielen.

Aber das ist noch nicht alles.

Drittens: Das Spielen haben wir Menschen gar nicht selbst erfunden. Auch Tiere spielen. Nicht alle, aber all jene, die mit einem lernfähigen, nicht durch genetische Programme fest verkabelten Gehirn zur Welt kommen. Krähenvögel zum Beispiel oder kleine Kätzchen und Hunde. Je lernfähiger ihr Gehirn ist, umso häufiger und umso intensiver spielen sie. Das Spiel ist also von Anfang an alles andere als eine nutzlose Beschäftigung zum Zeitvertreib: Es ermöglicht schon den Tieren und erst recht uns Menschen das Ausprobieren all dessen, was dem betreffenden Tier- oder Menschenkind möglich ist. Spielerisch finden sie heraus, was sie mit ihrem Körper, den Armen und Beinen, den Händen oder – im Fall der kleinen Kätzchen – mit dem Schwanz alles machen können.

Und später setzt sich dieser spielerische Erkundungsprozess des Möglichen in der Beziehung zu Eltern, Geschwistern und anderen Lebewesen fort. Bis jede und jeder herausgefunden hat, was alles geht und was nicht funktioniert. »Selbstorganisiertes, intrinsisch gesteuertes Lernen« nennen das die Lernpsychologen und haben inzwischen verstanden, dass diese Art des Lernens entscheidend dafür ist, wie gut sich ein Tier- oder Menschenkind später in der Welt zurechtfindet.

Und was ist die Ursache für dieses Lernen? Das Spiel. Und wann kann ein Kind all das nicht mehr selbst lernen? Wenn es ständig unterrichtet und »frühgefördert« wird, sodass ihm keine Zeit zum Spielen mehr bleibt.

Immer noch nicht überzeugt? Okay, dann eben auch das noch, aber nur ganz kurz, denn es steht im Mittelpunkt unseres Buches.

Viertens: Ohne die Möglichkeit des spielerischen Ausprobierens gäbe es gar keine Kreativität. Einfach nur weiterdenken, was schon gedacht worden ist, können wir alle. Manche sogar besonders gut, wenn sie dazu gezwungen oder dafür belohnt werden. Aber dadurch, dass jemand das bereits Vorhandene ergänzt, umbaut oder verbessert, kommt nichts wirklich Neues in die Welt. Ein Fenster bleibt ein Fenster, auch wenn es nun eine Vakuum-Doppelverglasung und einen Plastikrahmen hat. Im Englischen heißt so etwas *linear innovation*, also die bloße Verbesserung des Bestehenden. Wirklich interessant sind die sogenannten *breakthrough innovations*, also tatsächlich neue, kreative Lösungen. Die Entdeckung der α-Helix-Struktur der DNA war so etwas – oder die Relativitätstheorie oder der Düsenantrieb oder der Verbrennungsmotor.

Fragt man danach, was es möglich gemacht hat, dass jemand eine völlig neue, bisher noch nicht gedachte oder auch nicht für möglich gehaltene Lösung finden konnte, dann stößt man immer wieder auf das gleiche Phänomen: Die entscheidende Idee kam nicht am Schreibtisch und auch nicht kurz vor der Deadline oder der angedrohten Kündigung, sondern morgens, noch im Halbschlaf, oder nachmittags bei einem Spaziergang oder abends unter der Dusche. Also immer dann, wenn kein Druck herrschte, wenn im Hirn mal das eine, mal das andere durchgespielt werden konnte, bis sich plötzlich etwas zu einem stimmigen Bild zusammenfügte. Der Durchbruch in das Neue entstand ganz von allein, hervorgegangen aus dem Spiel der Gedanken.

Einen fünften und letzten wichtigen Pflock für das Spiel möchten wir noch einschlagen: Ohne das Spiel gäbe es keine Schönheit. Maler spielen mit ihren Farben, Musiker spielen ihre Instrumente, Dichter spielen mit Worten, Tänzer mit Schritten und Bildhauer mit Ton und Marmor. Bei Lichte besehen sind alle Künste große Spielarrangements, mit denen wir spielerisch unsere Welt so einrichten, dass wir uns in ihr zu Hause fühlen, sie bejahen und gutheißen können, ja glücklich sind. Denn, wo uns solche Erfahrungen zuteilwerden, erfahren wir uns und die Welt nicht nur als sinnvoll, sondern erleben auch das Glück – das Glück, von dem Hermann Hesse einst sagte, es sei nichts anderes als ein »Mitsingen im Chor der Sphären, Mittanzen im Reigen der Welt, Mitlachen im ewigen Lachen Gottes«[1]: *Mitspielen im Spiel des Lebens*, um es auf den Punkt zu bringen. Denn seien wir ehrlich: Nutzen hin oder her – sind es nicht gerade Schönheit und Poesie, Anmut und Eleganz, die unsere Seele vibrieren lassen? Und erleben wir diese Qualitäten nicht gerade dann, wenn wir spielen? Steht dann nicht oft die Zeit still? Und fühlt sich das Leben nicht lebendiger an, wenn wir den großen Spielen unserer Künstler beiwohnen? Und besonders, wenn wir selbst im Spiel sind und spielend Schönheit schaffen, wenn wir die Grenzen der Wirklichkeit überwinden, indem wir sie in leuchtende Farben tauchen, Geschichten von anderen Welten erzählen oder eine Tonfolge finden, die uns selbst zum Klingen bringt? Nicht nur die Erfindung brauchbarer Gegenstände und technische Innovationen verdanken sich dem Spiel, sondern auch das ganze weite Feld der Kunst.

Johan Huizinga, ein niederländischer Kulturwissenschaftler, hat gezeigt, dass unsere ganze Kultur bei Lichte besehen nichts anderes ist als ein grandioses Spielergebnis – und dass sich die Kulturentwicklung der Menschheit als Folge immer komplexerer, schönerer Spiele begreifen lässt; dass sie jedoch gefährdet ist, wenn andere, dem Spiel zuweilen feindlich gesonnene Mächte wie die Wirtschaft und auch die Wissenschaft die Spielräume für Kunst und Kultur verdrängen oder kolonialisieren.[2] Auch die großen Religionen haben sich wiederholt als Spielverderber erwiesen. Dabei war das Feld der Spiritualität ursprünglich vom Geist des Spiels durchdrungen, der erst später von jenem unerbittlichen Ernst religiöser Eiferer überlagert wurde, der uns auch heute wieder so große Sorgen bereitet. Ein griechischer Philosoph wie Platon hingegen konnte noch ganz im Geiste seiner von der olympischen Mythologie des alten Hellas inspirierten Spiritualität sagen, der Mensch könne sein Leben nicht besser zubringen denn als unablässige Folge schöner Spiele zu Ehren der Götter.

***

Götter hin oder her: Wer nun noch immer davon überzeugt ist, es wäre Unsinn, dem gewichtigen Ernst des Lebens mit dem heiteren Ernst des Spielens zu begegnen, den bitten wir um Nachsicht dafür, dass wir seine kostbare Zeit so lange in Anspruch genommen – um nicht zu sagen: aufs Spiel gesetzt – haben. Wer aber Lust hat mitzuspielen und sich unserer Entdeckungsreise in die große weite Welt der unbegrenzten Möglichkeiten anzuschließen, die sich dem Menschen dort eröffnet, wo er Zeit und Raum zum Spielen findet, sei zum Weiterlesen und Weiterdenken herzlich eingeladen.

Was Sie erwartet? Im ersten Kapitel dieses Buches kommt die Naturwissenschaft zu Wort. Wir werden Sie mitnehmen in die Tiefenstrukturen des Lebens und des Universums. Wir werden dort erstaunliche Entdeckungen machen und uns vor Augen führen, dass die Welt nicht falsch beschrieben ist, wenn man sie als ein großes Spielgeschehen deutet.

Das lehrten bereits die alten Philosophen, die wir im zweiten Kapitel des Buches konsultieren werden. Es ist erstaunlich, in welch hohem Maße alte Weisheit und neues Wissen passgenau zusammenfinden, wo es um das Spiel geht. Zumindest gilt das für die Denker, die sich intensiv dem Spiel gewidmet haben. Es lohnt sich, diese *Magistri ludi* – Spielmeister – ins Gespräch zu bringen: Sie zeigen uns, warum wir Menschen gut beraten sind, das Spiel zu retten, wenn es in Gefahr ist.

Der Blick zurück schärft den auf die Gegenwart. Für ihn stellen wir im dritten Teil unseres Buches fest: Nicht alles, was heutzutage als Spiel bezeichnet und vermarktet wird, ist auch tatsächlich ein Spiel. Wie alles, was wir Menschen erfinden, kann auch das Spiel missbraucht und für bestimmte Zwecke und zur Verfolgung bestimmter Absichten instrumentalisiert und verdorben werden. Nicht zufällig tadeln die Kinder beim Würfelspiel diejenigen als Spielverderber, die ihre eigenen Interessen und Ziele dem Spiel unterjubeln und meinen, die Regeln zu ihren Gunsten anpassen zu dürfen. Wenn es heute bei dem, was wir Spiel nennen, in manchen Fällen nicht mehr ums Gewinnen oder Verlieren, sondern um Gewinn und Verlust geht, wenn der *Homo oeconomicus* (der wirtschaftende Mensch) den *Homo ludens* (den spielenden Menschen) verdrängt, wenn also ökonomische Interessen unsere Spielwelten kolonialisieren, indem sie – wie bei großen Sportveranstaltungen oder auch in den zahllosen Kasinos an den Ausfallstraßen unserer Städte – das Spiel zum Konsumartikel umformatieren, dann handelt es sich nicht mehr um wirkliche Spiele, denn dann hat jemand das Spiel zu einem Geschäft gemacht und in bitteren Ernst verwandelt. Hier wird deutlich, wie sehr es an der Zeit ist, das Spiel zu retten. Ohne zu übertreiben, lässt sich sagen: Es geht dabei um unser Leben, um unsere Lebendigkeit und unsere Kultur. Es geht ums Ganze.

Und deshalb ist es wichtig, sehr genau zu prüfen, welche Spiele echte sind und uns Menschen guttun – und welche schon durch spielfremde Aspekte korrumpiert sind. Darum geht es im vierten Teil. Hier helfen freilich keine moralischen Kriterien, sondern nur ein klares Verständnis dessen, was das Spiel seinem Wesen nach ist. Wie aber erschließt sich das Wesen des Spiels? Indem wir die weite, bunte Welt der Spiele daraufhin befragen, welche immer wiederkehrenden Grundsignaturen des Spielens sich erkennen lassen. Mit ihnen gewinnen wir die Maßstäbe, anhand derer wir anschließend Empfehlungen aussprechen können, welche Spiele uns geeignet dazu erscheinen, Menschen bei der Entfaltung ihrer Potenziale zu unterstützen und erfüllte Lebendigkeit zu erfahren.

Bei der Rettung des Spiels geht es ums große Ganze, aber es sind die kleinen Gelegenheiten, bei denen sich zur Rettung ansetzen lässt – denn schließlich geht es immer auch um uns und unser eigenes Leben. Zuletzt gilt unser Blick deshalb der Frage, ob und wie es möglich ist, dem guten Geist des Spiels in unserem Alltag mehr Raum zu geben. Wir schlagen im fünften Kapitel darum eine Kultur spielerischer Lebenskunst vor, die sich in unterschiedlichen Bereichen für unser aller Leben als heilsam und lebendigkeitsfördernd erweisen wird: in Familie und Partnerschaft, in Schule und Spiritualität, in Politik und Wirtschaft. So bleibt die von uns geforderte Rettung des Spiels keine abstrakte Angelegenheit, sondern ein höchst konkretes und alltagstaugliches Programm – für jeden Einzelnen wie auch für unsere Gesellschaft im Ganzen. Die Forderung nach einer Rettung des Spiels ist, wie Sie sehen werden, ein politisches, ja, vielleicht sogar ein visionäres Projekt.

Wer spielt, konsumiert nicht. Wer spielt, benutzt nicht. Wer spielt, begegnet dem anderen als einem Gegenüber auf Augenhöhe. Deshalb ist das Spiel in einer von der instrumentellen Vernunft des Ökonomismus beherrschten Welt eine subversive Kraft. Spielen öffnet Räume unbedingter Sinnhaftigkeit, auch wenn kein Zweck dabei verfolgt und kein Nutzen avisiert wird. Spiele öffnen Räume für Kreativität, genauer: für Kokreativität, denn Möglichkeiten werden da am besten erprobt und Potenziale da am besten entfaltet, wo Menschen miteinander spielen. Gemeinsames Spielen ermöglicht Entwicklung und Innovation. Spielplätze sind Landeplätze, auf denen das Neue in die Welt kommen kann.

Wenn wir zu spielen aufhören, hören wir auf, das Leben in all seinen Möglichkeiten zu erkunden. Und damit verspielen wir die Potenziale, die in uns stecken. Wer dem Leben nicht spielerisch begegnet, den erstickt es mit seinem Ernst. Das Leben ist kein Spiel, aber wenn wir nicht mehr spielen können, dann können wir auch nicht mehr leben.

FEUERWERK FÜR GRAUE ZELLEN

DIE NEUROBIOLOGIE DES SPIELENS

»Der Mensch«, notierte Friedrich Schiller, »spielt nur, wo er in voller Bedeutung des Wortes Mensch ist, und er ist nur da ganz Mensch, wo er spielt.«[3] Man spürt sogleich die Wucht, die diesen Worten innewohnt. Gewichtiges ist hier gesagt: über den Menschen und über das Spiel, da beider Wesen hier aufs Innigste verwoben werden. »Menschsein« – so will es scheinen – wird hier mit »Spielen« gleichgesetzt. Oder genauer: Eigentliches Menschsein, voll entfaltetes Menschsein, erblühtes Menschsein, lebendiges Menschsein ereignet sich im Spiel. Das heißt: Wenn wir verstehen wollen, was es heißt, ein Mensch zu sein – ja mehr noch: wenn uns daran gelegen ist, im eigentlichen Sinne Mensch zu sein –, dann sind wir offenbar gut beraten, uns zu fragen, was es mit dem Spiel auf sich hat. Dann müssen wir verstehen, was mit uns geschieht, wenn wir spielen.

Kann es sein, dass das Spiel eine Dimension unseres Lebens ist, an der wir immer dann teilhaben, wenn wir spielen? Und dass wir uns deshalb, wenn wir spielen, auf eine intensive, auf eine echte Weise lebendig fühlen? Dann wäre Spielen etwas völlig anderes als bloßer Zeitvertreib. Dann hieße Spielen: die eigene Lebendigkeit erfahren, Verbundenheit erleben, die eigenen Möglichkeiten erkunden und unser kreatives Potenzial entfalten. Dann würden wir immer dann, wenn wir spielen, diesen besonderen Raum betreten, in dem wir uns als aktive, lustvolle und kreative Entdecker und Gestalter unserer

Möglichkeiten erfahren. Das muss es sein, was Friedrich Schiller und – wie wir später noch sehen werden – eine ganze Reihe großartiger Denker auch schon vor ihm erspürt und erkannt haben: dass der Mensch nur dann seinem Wesen gerecht wird, wenn es ihm zumindest vorübergehend gelingt, die Begrenzungen seines alltäglichen Lebens zu überwinden und ein Tor aus der Welt des Notwendigen und Zweckdienlichen in die Welt des Möglichen zu öffnen – im Spiel.

Was zu Schillers Zeiten und auf der Grundlage geisteswissenschaftlicher Ansätze noch nicht so genau fassbar und beschreibbar war, lässt sich inzwischen aber auch mithilfe naturwissenschaftlicher Erkenntnisse weiter untermauern und präzisieren. Vor allem die Befunde, die in den vergangenen zwei Jahrzehnten dank moderner bildgebender Verfahren im Bereich der Neurowissenschaften zutage gefördert werden konnten, machen es heute möglich, recht detailliert zu beschreiben, was in unserem Gehirn passiert, wenn wir es nicht mehr primär zur Organisation des Alltages, zum Erreichen irgendwelcher Ziele oder zur Verfolgung bestimmter Zwecke einsetzen. Wenn es uns also gelingt, den Raum zu betreten, in dem wir frei und unbekümmert denken und handeln, wahrnehmen und erkennen und dabei Neues entdecken und das Spektrum unserer Möglichkeiten erkunden können.

Was die Hirnforscher dann, beispielsweise mittels funktioneller Kernspintomografie, im Gehirn eines in dieser Weise spielenden Menschen messen können, ist eine Verringerung des Sauerstoffverbrauchs aufgrund einer verminderten Aktivität der Nervenzellverbände im Bereich der Amygdala. Das ist diejenige Hirnregion, die immer dann besonders aktiv wird, wenn wir Angst haben.

Im Spiel verlieren wir also unsere Angst. Gleichzeitig kommt es zu einer verstärkten Aktivierung all jener neuronalen Netzwerke, die gebraucht werden, um die jeweiligen Herausforderungen des betreffenden Spiels zu meistern. Je komplexer das Spiel ist, desto mehr solcher regionalen Netzwerke werden gleichzeitig aktiviert. Genau das ist die entscheidende Voraussetzung dafür, dass wir durch neuartige Verknüpfungen der in diesen regionalen Netzwerken verankerten Wissensinhalte neue kreative Einfälle und Ideen entwickeln können. Schließlich lässt sich bei jedem gelungenen Zug, bei jeder gut bewältigten Aufgabe auch noch beobachten, dass bestimmte Neuronenverbände im Mittelhirn, die als »Belohnungszentren« bezeichnet werden, verstärkt zu feuern beginnen. Das damit einhergehende Gefühl erleben wir als Freude, als Lust, manchmal sogar als Begeisterung. Spielen stärkt also unsere Lebensfreude.

Allein diese drei wichtigen Erkenntnisse der Neurobiologie bringen uns einer Antwort auf die Frage, welche Bedeutung das Spiel für uns hat und was mit uns geschieht, wenn wir spielen, deutlich näher. Immer dann, wenn wir zu spielen beginnen, öffnet sich für uns eine Welt, in der all das verschwindet, was uns im alltäglichen Zusammenleben daran hindert, die in uns angelegten Potenziale zu entdecken und zu entfalten. Wenn wir wirklich spielen, erleben wir auch keinen Druck und keinen Zwang mehr, und wenn es nichts mehr gibt, was uns bedrängt, verschwindet auch die Angst. Deshalb fühlen wir uns immer dann, wenn wir spielen, lustvoll und frei.

Die befreiende und verbindende Kraft des Spielens

Nur dann, wenn wir nicht mehr auf die vielfältigen Bedrängnisse und Notwendigkeiten reagieren müssen, die das Leben außerhalb des Spiels ständig für uns bereithält, sind wir in der Lage, wirklich frei zu denken und zu handeln. Dann erst können wir unbekümmert und ohne Angst erkunden und erproben, was alles möglich ist. Kinder spielen noch genau so und finden dabei selbst heraus, was alles geht, aber auch, was nicht funktioniert. Sie hören sofort auf zu spielen, wenn sie unter Druck geraten (beispielsweise wenn sie spüren, dass sie beobachtet werden) oder wenn es ihnen nicht gut geht (weil sie krank sind oder ein Problem sie belastet). Und – es gibt kaum einen besseren Indikator dafür – wenn sie sich verunsichert fühlen und Angst haben.

Sobald sie mit anderen zusammen zu spielen beginnen, erkennen Kinder recht schnell, dass es mehr Freude macht, wenn das, was spielerisch alles möglich ist, durch bestimmte Regeln begrenzt wird. Und spätestens als Erwachsene haben wir dann alle meist recht gut gelernt, diese Spielregeln einzuhalten. Wir halten uns dann an das, was innerhalb der Spielzeit und auf dem »Spielplatz« als Regelwerk von uns als Voraussetzung dafür erkannt worden ist, damit das Spiel ein Spiel bleibt. Es muss jedem Einzelnen die Möglichkeit bieten, sich innerhalb der Spielregeln frei zu fühlen, seine kreativen Potenziale zu entfalten, seine Fähigkeiten und Fertigkeiten zu vervollkommnen, sein Wissen und Können zu erweitern, sich also spielerisch weiterzuentwickeln.

Das geht zur Not auch allein, aber deutlich mehr Freude erleben wir, wenn wir mit anderen zusammen spielen. Auch hier brauchen wir bestimmte Regeln, auf die wir uns einigen, damit das Zusammenspiel gelingen kann. Und wenn es gelingt, fühlen wir uns mit unseren Mitspielern in einer Spielgemeinschaft verbunden.

Diese beiden Erfahrungen – Freiheit und Autonomie einerseits und Verbundenheit und Gemeinschaft andererseits – sind neben der Angstfreiheit die entscheidenden Gründe dafür, weshalb wir Menschen so gerne spielen. Am Anfang unseres Lebens, zum Teil sogar schon im Mutterleib, haben wir alle die grundlegende Erfahrung gemacht, dass Wachstum, eigene Weiterentwicklung und später auch Autonomie und Freiheit in engster Verbundenheit mit anderen, zumindest einer Mutter oder einem Vater, möglich sind. Diese frühe Erfahrung ist tief in unserem Gehirn verankert, und zeitlebens suchen wir alle nach einer Art des Zusammenlebens mit anderen Personen, die es uns erlaubt, uns gleichzeitig so frei und so verbunden wie möglich zu fühlen. In Freiheit und Verbundenheit leben zu können, ist deshalb ein Grundbedürfnis von uns Menschen. Es lässt sich nicht immer – und bei manchen Personen auch nur sehr selten – stillen. Sehr leicht kann es dazu kommen, dass sich statt Verbundenheit klebrige, jede Autonomie unterdrückende Abhängigkeitsbeziehungen herausbilden. Und wenn dann das Bedürfnis nach Freiheit unstillbar wird, versuchen auch schon Kinder, mit allen ihnen zur Verfügung stehenden Mitteln, ihre Autonomie zurückzugewinnen.

Aber im Spiel, im Zusammenspiel mit anderen (und unter Einhaltung der Spielregeln) können wir genau das wiedererleben, was draußen, in der Welt der Notwendigkeit und Zwecke, so selten zu finden ist: dass es geht! Dass es möglich ist, sich mit anderen – und sei es auch nur für die Dauer des gemeinsamen Spiels – gleichzeitig verbunden und frei zu fühlen.

Deshalb hat das gemeinsame Spiel solch eine enorme Anziehungskraft. Deshalb erscheint es so, als wäre es ein uns Menschen angeborenes Bedürfnis. Und deshalb lässt es sich auch nicht unterdrücken – vorübergehend vielleicht, aber niemals dauerhaft. Damit Menschen aufhören zu spielen, müssten sie ihr Grundbedürfnis nach Zugehörigkeit und Verbundenheit ebenso verloren haben wie ihr Bedürfnis nach Freiheit und Autonomie.

Bisweilen, etwa im Verlauf besonders leidvoller Phasen der Menschheitsgeschichte, werden die Gelegenheiten zum spielerischen Ausprobieren dessen, was alles möglich ist, sehr eingeschränkt. Und manchmal wird unser Hang zum Spielen auch von geschäftstüchtigen und gewinnorientierten Personen missbraucht. Aber dauerhaft unterdrücken lässt sich das Spielbedürfnis von uns Menschen offenbar nicht. Es kommt immer wieder hoch und bricht sich Bahn. Sogar in den Vernichtungslagern des NS-Regimes, von Auschwitz bis Buchenwald, gab es Todgeweihte, die bis zuletzt nicht aufgehört haben, ihr Leben erträglicher zu machen, indem sie spielten. Beispielsweise in Form von Theateraufführungen für ihre Mithäftlinge.

Dieses dem Menschen eigene Spielbedürfnis scheint also tief in unseren Gehirnen verankert zu sein. Diese Vermutung ist naheliegend und auch zutreffend. Aber bevor wir uns nun gleich allzu schnell mit motivationssteuernden Netzwerken und Belohnungssystemen im Gehirn beschäftigen, mit »Glückshormonen« und mit dem, was sonst noch alles dort oben aktiviert wird, wenn Menschen spielen, lohnt es sich vielleicht, das Ganze etwas spielerischer anzugehen. Denn manchmal offenbart sich das Entscheidende gar nicht dort, wo man besonders zielstrebig danach sucht.

Sich einer Frage spielerisch zu nähern, heißt also in diesem Zusammenhang, nicht gleich die scheinbar naheliegendste Möglichkeit zu ergreifen, um ein beobachtetes Phänomen zu erklären. Allzu leicht landet man so nämlich in einer Zwickmühle. Denn selbst die allerbeste und ins letzte Detail gehende Erklärung der im Gehirn eines spielenden Menschen ablaufenden Vorgänge beschreibt ja letztlich nur, was dort alles passiert, wenn er spielt. Weshalb Menschen aber spielen wollen und es dann auch tun, lässt sich mit dem Hinweis auf die beim Spielen im Gehirn ablaufenden Prozesse jedoch nicht erklären. Um diese Frage zu beantworten, müssten wir uns fragen, weshalb unser Gehirn so gebaut ist, dass diese Phänomene dort in dieser Weise auftreten, wenn wir spielen. Als Antwort auf diese Frage wird von den Spielforschern meist behauptet: Weil die Spiellust in das Gehirn von uns Menschen genetisch so einprogrammiert ist. Und wenn wir dann genauso wie kleine Kinder mit spielerischer Leichtigkeit einfach weiterfragen, warum diese Programme denn so entstanden sind, wird uns von den entsprechenden Experten erklärt, dass dafür Mutationen und Rekombinationen auf der Ebene der DNA, also des Erbgutes unserer tierischen Vorfahren, verantwortlich seien.

Wer nun ein wenig pfiffig ist, kann diese Experten weiter in die Enge treiben, indem er darauf verweist, dass er zu Hause einen Hund hat, der nichts lieber macht, als mit ihm zu spielen. Diese genetische Konstellation, die zur Entwicklung eines Gehirns führt, welches seinen Besitzern das Spielen ermöglicht und gar zu einem Bedürfnis werden lässt, muss also auch schon bei Tieren entstanden sein. Spätestens an diesem Punkt geben die meisten Experten auf und brechen dieses Frage-und-Antwort-Spiel mehr oder weniger abrupt ab. So wie genervte Eltern, denen dann nichts Gescheiteres mehr einfällt, als ihren durch genauso spielerisches Fragen die Welt erkundenden Kindern zu entgegnen: »Warum, warum ist die Banane krumm?«

Meist waren diese Kinder aber mit ihren Fragen an die Erwachsenen – ebenso wie wir jetzt mit unseren Fragen an die Experten – kurz davor, die entscheidende Antwort aus ihnen herauszulocken. Denn unsere letzte und dann auch all diesen vernebelten Erklärungen auf den Grund gehende Frage lautet: Warum aber gibt es diese Mutationen und Rekombinationen im Erbgut? Und die Antwort der Experten kann nur heißen: Weil dort ständig spielerisch herumprobiert, Neues eingesetzt, Altes herausgeschnitten und das Ganze bei der sexuellen Fortpflanzung zwischen mütterlichem und väterlichem Genom auch noch ständig neu gemischt wird. Weil das Herumspielen und das Ausprobieren neuer Einfälle – also der spielerische Umbau unseres Erbgutes in Form bestimmter DNA-Sequenzen – eine Grundeigenschaft aller genetischen Anlagen ist. Und zwar von Anfang an. Das Spiel ist also gar nicht erst von lernfähigen Gehirnen erfunden worden. Im Gegenteil, die Herausbildung lernfähiger und zum Herumspielen und Ausprobieren aller möglichen Ideen geeigneter Gehirne ist die Folge dieser schon bei den ersten Lebewesen angelegten »Spielfreudigkeit« ihrer Erbanlagen.

Wenn wir also herausfinden wollen, weshalb wir so gerne spielen, so müssten wir uns fragen, weshalb diese Spielfreude bereits in den Erbanlagen aller Lebewesen angelegt ist. Ohne dieses ständige Einfügen und Herausnehmen von neuen DNA-Bausteinen, ohne die Tendenz zur spielerischen Verdopplung bereits entstandener DNA-Sequenzen, ohne die fortwährende spielerische Durchmischung von Genkonstellationen wäre die Entwicklung all der vielfältigen Lebensformen auf unserem Planeten gar nicht möglich gewesen. Dann gäbe es weder Einzeller noch Vielzeller, geschweige denn uns selbst. Das Spiel ist also nicht einfach nur ein Merkmal des Lebendigen, es hat die Entstehung von Leben und vor allem von lebendiger Vielfalt auf unserem Planeten erst ermöglicht. Wie sonst als durch spielerisches Zusammenfügen und Ausprobieren hätten sich die ersten zur Selbstreplikation befähigten, komplexen Molekülverbände in der »Ursuppe«, also in irgendwelchen geschützten Nischen unseres damals noch sehr lebensfeindlichen Planeten, herausbilden können?

Und nachdem wir mit unseren spielerisch, aber hartnäckig auf Klärung ausgerichteten Fragereien so weit gekommen sind, können wir auch noch den letzten Spielzug versuchen. Wir können nämlich nicht nur fragen, wie so etwas Komplexes wie das Leben entstanden ist, sondern auch der vielleicht sogar noch spannenderen Frage nachgehen, wie und unter welchen Voraussetzungen überhaupt eine Herausbildung hochkomplexer – allerdings im Vergleich zu Lebewesen noch relativ einfacher – Strukturen, also beispielsweise der eines Schneekristalls, möglich ist.

Das universelle Prinzip des Lebens

Jetzt wird es erst wirklich interessant, denn mit dieser Frage verlassen wir die Biologie des Spiels und wagen uns vor in die Physik und dort in den Bereich der noch recht jungen Komplexitätswissenschaft. Und dort, sollte man meinen, hat das spielerische Zusammenfügen und Ausprobieren nun wahrlich nichts zu suchen. Aber gemach! Es mag sein, dass wir uns auch hier mit unserer Angewohnheit, beim Denken an der Oberfläche der Phänomene haften zu bleiben, wieder einmal irren.

Was ist es denn und was für Voraussetzungen sind notwendig, damit sich beispielsweise Wassermoleküle so zusammenlagern können, dass daraus so ein einzigartiges und komplexes Gebilde wie eine Schneeflocke entsteht?

Wenn dem Wasser zu schnell Energie entzogen wird – indem man es herunterkühlt –, wird es zu einem Eisklotz. Und wenn ihm zu viel Energie zugeführt wird, taut es, kocht es und verdampft es.

Aber wann wird aus Wasser ein Schneekristall? Wenn es weder zu kalt noch zu warm ist. Wenn die Energie, die auf die Wassermoleküle wirkt, weder zu groß noch zu gering ist, sondern genau so, dass sie endlich genug Spielraum haben, um miteinander in Beziehung zu treten. Nur dann können sie das hervorbringen, was in ihnen steckt und was sofort wieder in den Hintergrund rückt und vergeht, wenn es dafür zu schnell zu kalt oder zu warm wird.

Spielraum für die Entfaltung dessen, was also sogar in unbelebten Molekülen steckt, gibt es offenbar nur dann, wenn die Energiezufuhr weder zu klein noch zu groß ist. Mit dieser interessanten Erkenntnis lässt sich jetzt nicht nur die Entstehung von Schneeflocken, sondern auch die Herausbildung anderer Kristallstrukturen erklären. Aber nicht nur die, sondern auch alle anderen komplexen Phänomene scheinen diesem grundsätzlichen Prinzip zu folgen. Die zauberhaften Wolkengebilde am Himmel, der fragile Golfstrom, die bizarren Strukturen eines Flussdeltas oder die atemberaubenden, von Wanderdünen erzeugten Landschaften unserer Sandwüsten – sie alle verdanken ihre Herausbildung dem spielerischen Suchen und Finden stabiler Beziehungen ihrer Komponenten zueinander unter Bedingungen, wo weder zu viel noch zu wenig Energie von außen in Form von Wind- und Wasserströmungen einwirkt.

Auch ein Feuerwerk, und damit kommen wir zurück zur Überschrift dieses Kapitels, das seinen märchenhaften Funkenregen in den Abendhimmel zeichnet, ist solch ein hochkomplexes Phänomen. Solange die Energie beim Abschuss der Raketen noch zu groß ist, bleibt es ein zischender und pfeifender Lichtstrahl, und wenn die nach der Explosion in seinen Bestandteilen gespeicherte Energie freigesetzt ist und die Funken verloschen sind, bleibt nur noch ein Ascheregen übrig. Aber genau dazwischen, wenn für einen Augenblick die Energie weder zu groß noch zu klein ist, entsteht das Faszinosum dieser hochkomplexen Lichtgestalten, die wir als Feuerwerk bewundern.

Nun brauchen wir uns nur noch in Gedanken vorzustellen, es gäbe ein Feuerwerk, das diesen labilen Gleichgewichtszustand selbst erzeugen und aufrechterhalten könnte. Die Myriaden von Funken würden dann ja nicht einfach nur verbrennen. Jedenfalls dann nicht, wenn sie in der Lage wären, selbst genau die Energie zu erzeugen, die es ihnen ermöglicht, weiterzuglühen und oben im Himmel zu bleiben. Wenn es solch ein Feuerwerk gäbe, würden wir ein nicht endendes Schauspiel sich immer neu formierender Funkengestalten am Abendhimmel bewundern können.

Das sähe dann so ähnlich aus wie die im Herbst von den in den Süden ziehenden Staren gebildeten, sich fortwährend verwandelnden Schwarmformationen. Fischschwärme können das auch, ebenso wie Mückenschwärme in der Abenddämmerung. Aber ein Feuerwerk kann das eben nicht. Weil es nicht lebendig ist. Denn genau das ist es, was lebendige Wesen von nicht lebenden materiellen Strukturen unterscheidet: Lebewesen sind in der Lage, die zur Aufrechterhaltung ihrer hochkomplexen inneren Ordnung erforderliche Energie selbst herzustellen. Und zwar in der genau richtigen Menge. Nicht zu viel und nicht zu wenig. Wenn einem Lebewesen das nicht mehr gelingt, stirbt es. Zurück bleibt eine nun nicht mehr lebendige materielle Struktur, die allmählich zerfällt. Genau so, wie es der zweite Hauptsatz der Thermodynamik prophezeit.

Dann ist das Spiel des Lebens vorbei. Es sei denn, das betreffende Lebewesen hat vorher noch eigene Nachkommen hervorgebracht. Die können es dann auf ihre Weise fortsetzen. Aber natürlich nicht – und genauso wenig wie ihre Eltern und deren Vorfahren – ganz allein, sondern immer nur im Zusammenspiel mit allen anderen, also inmitten all der vielfältigen Wesen, die an diesem fortwährenden Spiel des Lebens beteiligt sind.

So ganz spielerisch verläuft dieses Zusammenleben allerdings nicht. Immer gibt es – Sie erinnern sich: wegen der Spielernatur der genetischen Anlagen – dabei auch solche, die besser, also fitter sind als die anderen. Die bekommen dann die besten Partner und die meisten, womöglich noch fitteren Nachkommen. Und so würde es dann endlos weitergehen, wenn der Wettbewerb und die dadurch vorangetriebene Auslese die einzige Strategie wären, die das Leben erfunden hat, um all die vielfältigen Formen hervorzubringen, die unseren Planeten gegenwärtig bevölkern oder früher einmal bevölkert haben. Denn der Wettbewerb, das wird auch von unseren Biologen allzu oft vergessen, führt ja immer nur zur noch spezifischeren Ausprägung von solchen Merkmalen, die irgendwie vorher schon entstanden sind, die also schon da waren. Aus der fünfstrahligen Extremitätenanlage der Vorfahren unserer heutigen Säugetiere beispielsweise ist durch diese »natürliche

Auslese« die Herausbildung der Grabschaufeln von Maulwürfen, der Flossen von Walen und Delfinen oder der Flügel von Fledermäusen vorangetrieben worden. Je schärfer der Wettbewerb, desto schneller kommt es zu solchen fortschreitenden Spezialisierungen. Bei uns Menschen entstehen dadurch am Ende bestenfalls Leistungssportler und Fachidioten. Aber wirkliche Weiterentwicklung erfordert etwas anderes als die fortwährende Auslese derjenigen, die irgendetwas am besten können.

Die spielerische Entfaltung von Kreativität

Weiterentwicklung findet nur dann statt, wenn Lebensformen imstande sind, etwas – zumindest als Anlage – herauszubilden, was es bisher noch nicht gab. Die entscheidende Frage ist also, was die fünfstrahlige Extremitätenanlage bei den Säugetieren hervorgebracht hat. Oder die ersten Vielzeller. Oder die Fähigkeit zur Umwandlung von Sonnenenergie in körpereigene Energiereserven, also die Fotosynthese. Das alles waren tatsächlich kreative Neuerfindungen, *breakthrough innovations*, wie es die Innovationsforscher nennen.

Und die entstehen – wie übrigens auch alle kreativen Leistungen bei uns Menschen – niemals unter Druck. Im Gegenteil, dazu muss der Druck, auch der durch Wettbewerb erzeugte, verschwinden. Dazu braucht es genau das, was wir »Spielräume« nennen. Nur dann, wenn wir zwanglos mit unseren Gedanken herumspielen können, wenn niemand verlangt, dass die neue Idee bis zum Quartalsende entwickelt werden muss, können wir Menschen unser kreatives Potenzial wirklich entfalten.

Um zu verstehen, weshalb das so ist, müssen wir uns noch einen Moment mit der Frage befassen, was Kreativität eigentlich bedeutet. Kreativ sein heißt ja nicht, etwas, das schon da ist, einfach nur weiter zu verbessern. Also beispielsweise Autos immer schneller zu machen oder immer vielseitiger verwendbar, damit sich damit alle möglichen Güter transportieren lassen oder sie sich für die Nutzung als Wohnwagen, Cabriolets und Geländewagen immer besser eignen. Das sind alles sehr interessante, ihrem jeweiligen Zweck immer besser gerecht werdende Ausgestaltungen ein und derselben Grundidee: der Erfindung eines Verbrennungsmotors und dessen Einsatz als Antriebskraft eines Fahrzeuges. Das war eine kreative Leistung, und sie hat etwas hervorgebracht, aus dem sich, ähnlich wie aus der fünfstrahligen Extremitätenanlage der Wirbeltiere, anschließend alles Mögliche machen ließ. Aber nur, weil es die Grundidee oder die Anlage dafür schon gab, sie war die eigentliche *breakthrough innovation* und bildete den Grundstein für alles, was daraus an spezifischen Einsatzmöglichkeiten durch Erweiterung und Umbau dieses »Urautomobils« oder dieser ursprünglichen Anlage durch sogenannte *linear innovations*, also nachfolgende Spezialisierungen entstanden ist.

Solche *linear innovations* lassen sich durch Wettbewerbsdruck erzwingen. Die wirklich kreativen *breakthrough innovations* aber nicht. Die entstehen, ähnlich wie die Schneeflocken oder der Funkenreigen eines Feuerwerks oder die Sanddünen in der Wüste, nur unter ganz bestimmten Bedingungen: nur dann nämlich, wenn weder zu viel noch zu wenig Energie zugeführt wird, sodass sich das, was zusammenpasst, auch ungestört zusammenfügen kann.

Und genau so muss es auch im Gehirn zugehen, auch dort können die in unterschiedlichen neuronalen Netzwerken verankerten Wissensinhalte, Kenntnisse und Erfahrungen nur dann auf eine andere, neuartige Weise miteinander verknüpft werden, wenn die Energie dort oben, also der Erregungszustand im Gehirn, weder zu hoch noch zu niedrig ist. Deshalb kommt auch niemand auf eine neue, kreative Idee, wenn er sich anstrengt, wenn er sich unter Druck gesetzt fühlt oder von starken Affekten getrieben ist. Und natürlich fällt auch niemandem etwas ein, der gar nichts will und nichts tut, also keinen Grund, kein Motiv hat, sich etwas Neues auszudenken.

Wann sind denn den großen Entdeckern und Tüftlern ihre bahnbrechenden Ideen gekommen? Unter welchen Bedingungen haben sie das Prinzip des Verbrennungsmotors, die Struktur der Doppelhelix, das Konzept des Düsenantriebs, der Telegrafie oder des Computers in Gedanken entwickelt? Doch nicht am Schreibtisch unter Termindruck oder an der Werkbank im Betrieb. Nein, diese kreativen Einfälle hatten sie genau dann, wenn sie ohne Druck, frei und unbekümmert, also spielerisch in der Lage waren, ihre Gedanken einfach laufen zu lassen und abzuwarten, was sich dann wie von selbst zusammenfügte. Bei manchen passierte das unter der Dusche, bei manchen im Bett oder beim Spazierengehen. Zweckfrei und absichtslos, also spielerisch waren sie mit ihren Gedanken unterwegs. Und dann kam, wie aus heiterem Himmel, die entscheidende Idee. $E = mc^2$ – auf so eine einfache Formel kommt niemand, solange er noch verbissen und angestrengt danach sucht.

Wieder ist es eine naheliegende Versuchung, sich die im Gehirn eines kreativen Menschen ablaufenden Erregungsprozesse genauer anzuschauen und mithilfe modernster bildgebender Verfahren wie der funktionellen Kernspintomografie sichtbar zu machen, um herauszufinden, wie diese spielerische Kreativität zustande kommt und wie sie funktioniert.

Aber gemach! Auch in diesem Fall könnten sich die im Gehirn beobachtbaren Erregungsmuster, die dabei freigesetzten Neurotransmitter und die damit einhergehenden rezeptorvermittelten Signaltransduktionsprozesse nämlich auch wieder nur als Begleiterscheinungen kreativer Leistungen erweisen. Dann wären die im Gehirn beobachtbaren und messbaren Phänomene wieder nicht die Ursache von Kreativität, sondern nur das damit einhergehende neuronale Feuerwerk.

Um nicht in diese Falle zu tappen, brauchen wir uns nur zu fragen, ob es nicht vielleicht auch sehr kreative *breakthrough innovations* gibt, die nicht von Menschen, sondern von anderen Lebewesen gefunden worden sind. Möglicherweise sogar von solchen, die (noch) gar kein Gehirn hatten. Natürlich gibt es die, sogar haufenweise. Nicht nur die fünfstrahlige Extremitätenanlage, auch die ersten echten Zellen, die Fotosynthese und die ersten Vielzeller gehören dazu, und natürlich zählen dazu auch die ersten Nervenzellen, aus denen später die Nervensysteme der Tiere und Gehirne, letztlich sogar unsere eigenen hervorgegangen sind. All das waren echte *breakthrough innovations*, die ähnlich wie unsere Erfindungen des Verbrennungsmotors, des Düsenantriebs oder des Telegrafen zur Grundlage all dessen wurden, was nachfolgend an speziellen Formen aus ihnen hervorgegangen ist. Kreativität ist also keinesfalls etwas, was nur wir mit unserem Gehirn hervorzubringen imstande sind. Kreativität scheint vielmehr ein Potenzial zu sein, über das alle Lebewesen verfügen. Es kommt nur nicht überall und immer zur Entfaltung. Und weshalb nicht? Weil sich diese in allen Lebewesen angelegte Kreativität ebenso wie bei uns Menschen nur unter bestimmten, besonders günstigen Bedingungen entfalten kann. Eben nur dort, wo es einen Spielraum dafür gibt.

Solange der Kampf ums Dasein und der Reproduktionserfolg das Leben bestimmen, geht es nicht. Wenn der Wettbewerbsdruck hoch spezialisierte Anpassungen hervorgebracht und Lebensformen in sehr spezielle ökologische Nischen gedrängt und sie damit sehr einseitig und unflexibel gemacht hat, geht es auch nicht. Und wenn einmal etablierte Beziehungsmuster so stabil geworden sind, dass das Knüpfen neuer Beziehungen, also der Austausch und die Verbindung mit anderen nicht mehr möglich sind, geht es ebenso wenig.

Mit anderen Worten: Spielerisch neue kreative Lösungen können nur diejenigen entwickeln, die, statt Einzelkämpfer zu werden, mit anderen zusammengeblieben sind, die, statt Spezialisten zu werden, Generalisten geblieben sind und die – statt ausdifferenziert und altersstarr zu werden – jung und undifferenziert geblieben sind.

Nur sie sind in der Lage, neuartige, bisher noch nicht entwickelte Beziehungen miteinander und mit anderen einzugehen und sich dadurch Möglichkeiten zu erschließen, die keiner der beiden Beziehungspartner für sich allein zu entwickeln imstande gewesen wäre: und zwar durch spielerisches Ausprobieren dessen, was gemeinsam besser geht.

Das haben die Vorläufer unserer heutigen Zellen, der Eukaryonten, so gemacht, als sie sich mit Blaualgen zusammenschlossen, aus denen dann ihre Energie liefernden Zellorganellen, die Mitochondrien und Chloroplasten, geworden sind. Das haben auch die primitiven Einzeller so gemacht, als sie sich mit anderen zu den ersten Vielzellern verbanden. Und so etwas muss auch bei den Vorfahren der Wirbeltiere durch eine neue Art des Zusammenwirkens der in ihren Extremitätenknospen angelegten Zellen passiert sein und deren fünfstrahlige Ausformung ermöglicht haben.

Das Gehirn als Organ für spielerische Kokreativität

Am spannendsten ist aber die Frage, was unser menschliches Gehirn mit der Fähigkeit zu kreativen Denkleistungen hervorgebracht hat. Die besten Voraussetzungen dafür bringen wir ja mit: Wir sind von Natur aus keine Spezialisten, können nichts besonders gut, aber alles ein bisschen. Und wir kommen auch äußerst undifferenziert, vor allem mit einem noch sehr offenen und sehr lernfähigen, noch lange nicht fertig ausgebildeten Gehirn zur Welt. Damit können wir uns mit so ziemlich allem in Beziehung setzen, was uns umgibt. Wir haben also allerbeste Voraussetzungen, äußerst kreative Wesen zu werden. Wirklich entfalten kann sich dieses kreative Potenzial allerdings nur dann, wenn wir als Kinder nicht zu früh unter Druck geraten. Wenn wir also möglichst lange nach der Geburt Gelegenheit haben, spielerisch zu erkunden, wie komplex unsere jeweilige Lebenswelt beschaffen ist und wie groß das Spektrum unserer Möglichkeiten zur eigenen Gestaltung dieser Welt ist. Nur so können wir lernen, was wir brauchen, um uns in der jeweiligen Welt zurechtzufinden, in die wir hineinwachsen.

Es gibt Tiere, die bereits mit einem weitgehend fertigen Gehirn zur Welt kommen. Spinnen zum Beispiel sind in der Lage, ihre komplizierten Netze zu bauen, ohne dass ihnen das vorher jemand gezeigt hat. Die brauchen den Netzbau nicht zu lernen, denn die dazu erforderlichen Verschaltungsmuster der Nervenzellen in ihrem kleinen Gehirn bilden sich in artspezifischer Weise von ganz allein heraus. Bei den Fischen und den Krokodilen wird das, was sie können, auch noch so gesteuert, aber spätestens auf der Stufe der Vögel und erst recht bei den

Säugetieren beginnen sich, diese starren angeborenen Muster immer stärker zu öffnen. Die von ihnen gesteuerten Verhaltensweisen entstehen nicht mehr von ganz allein. Sie müssen von den Nachkommen erst noch erlernt werden. Hilfreich sind dabei geeignete Vorbilder, die den Jungen zeigen, wie es geht.

Aber entscheidend sind das eigene Ausprobieren, das eigene Lernen durch Versuch und Irrtum und das beharrliche Üben all dessen, was funktioniert. Tierkinder brauchen dafür auch keine Schulen. Sie lernen all das, was sie später im Leben brauchen, und bauen dabei die dazu erforderlichen neuronalen Verschaltungsmuster in ihrem Gehirn automatisch auf, indem sie spielen. Die kleinen Kätzchen mit dem eigenen Schwanz, den sie immer wieder einzufangen versuchen. Bärenkinder, wenn sie miteinander raufen und auf Bäume klettern. Affenjunge, wenn sie einander jagen oder wenn sie die erwachsenen Mitglieder ihrer Horde ärgern. Überall wird spielerisch ausprobiert, was alles geht. »Explorationsverhalten« nennen das die Entwicklungsbiologen und sind sich einig, dass es mit der gleichen Lust und Begeisterung einhergeht, die auch Menschenkinder immer dann empfinden, wenn sie sich als kleine Entdecker und Gestalter ihrer jeweiligen Lebenswelt auf den Weg machen und spielerisch erkunden, wie die Welt beschaffen ist und welche Möglichkeiten sie ihnen bietet.

Die Lust am Entdecken und Gestalten ist allen Kindern angeboren. Sie haben diese Lust schon vorgeburtlich erlebt und bringen die Erfahrung und das Gefühl, wie schön es ist, selbst etwas entdecken und gestalten zu können, mit auf die Welt. Im Gehirn sind dadurch bereits vorgeburtlich entsprechende Netzwerke entstanden, die von den Hirnforschern als »Belohnungszentren« bezeichnet werden. Aktiviert werden diese im Mittelhirn lokalisierten Verschaltungsmuster – auch noch bei

Erwachsenen – immer dann, wenn es durch eine eigene Leistung gelingt, einen im Gehirn entstandenen Zustand von Inkohärenz wieder kohärenter zu machen. Dieser inkohärente Zustand entsteht als eine Art Irritation, wenn eine neue Wahrnehmung noch nicht eingeordnet werden kann – die Neurobiologen nennen das *arousal*. Durch die intensivere Beschäftigung mit dem betreffenden Phänomen gelingt es oft, das entstandene Problem irgendwie zu lösen. Dann verwandelt sich das Gefühl der Irritation in Freude, manchmal sogar in Begeisterung über sich selbst, und im Hirn passt dann alles wieder besser zusammen. Es wird dort alles wieder kohärenter.

Dadurch kommt es zur Aktivierung dieses Belohnungszentrums im Mittelhirn, und an den Enden der langen und vielfach verzweigten Fortsätze der dort liegenden Nervenzellen werden nun einige besondere Botenstoffe freigesetzt. Die wirken so ähnlich wie Kokain und Heroin und stimulieren ihrerseits wieder bestimmte Netzwerke, die dieses wunderbare Gefühl hervorbringen, das manchmal den ganzen Körper erfasst und das wir »Freude« oder gar »Begeisterung« nennen. Gleichzeitig haben diese besonderen Botenstoffe (dazu zählen vor allem Katecholamine, endogene Opiate und andere Peptide) aber auch noch einen wachstumsstimulierenden Effekt auf neuronale Vernetzungen. Sie wirken also so ähnlich wie ein Dünger und fördern das Auswachsen von Fortsätzen und die Neubildung und Stabilisierung von Synapsen. So werden bestehende Netzwerke weiter ausgebaut, und all das, was im Hirn daran beteiligt war und aktiviert worden ist, um ein Problem zu lösen oder eine neue Erkenntnis zu gewinnen, wird in Form entsprechend verstärkter Netzwerke fest und nachhaltig im Gehirn verankert.

Kleine Kinder erleben täglich eine große Anzahl solcher

Begeisterungsstürme einschließlich der damit einhergehenden »Düngerfreisetzung« in ihrem Hirn.

Das ist der Grund dafür, dass sie mit so großer Lust in so kurzer Zeit so viel lernen. Nicht durch Belehrungen und Unterweisungen oder sonstige »Fördermaßnahmen«, sondern indem sie spielerisch jeden Tag ein bisschen mehr über die Welt herausfinden, vor allem über ihre eigenen Möglichkeiten, diese Welt zu entdecken und zu gestalten. Ausprobieren, was geht. Herausfinden, wie etwas zusammenpasst oder zerlegt werden kann. Sich selbst, den eigenen Körper, seine Gefühle, seine mentalen Fähigkeiten kennenlernen, eigene Talente und Begabungen entdecken, besondere Fähigkeiten einüben und zur Meisterschaft weiterentwickeln – das alles machen Kinder im Spiel, absichtslos, zweckfrei und unbewusst, ganz von allein. Die Biologen bezeichnen das als einen »sich selbst organisierenden Prozess«:

Wenn alles passt und die Voraussetzungen dafür günstig sind, entfaltet ein Mensch, zunächst als Kind, aber auch noch später als Erwachsener, die in ihm angelegten Potenziale von ganz allein.

Angelegt ist dieses Potenzial im Gehirn all jener Tiere, die erst noch lernen müssen, sich in ihrer jeweiligen Lebenswelt zurechtzufinden. Bei ihnen wird im Verlauf der Hirnentwicklung in den nacheinander ausreifenden Bereichen zunächst ein erheblicher Überschuss an Vernetzungen der Nervenzellen, also ein Überangebot an neuronalen Kontakten, sogenannten Synapsen, bereitgestellt. Diejenigen Vernetzungsangebote, die sich als brauchbar erweisen, die regelmäßig aktiviert und in funktionelle Verschaltungsmuster integriert werden können, bleiben erhalten und werden stabilisiert. Der Rest wird wieder abgebaut.

Unsere Kinder kommen im Vergleich mit allen anderen

lernfähigen Tieren mit dem größten Überschuss an solchen Vernetzungsoptionen auf die Welt, und bei ihnen wird dieses Überangebot auch für eine besonders lange Zeit aufrechterhalten.

Deshalb können wir Menschen vor allem während der Kindheit auch so viel lernen. Aber eben nicht, indem uns schon früh Druck gemacht und Leistung abverlangt wird. Und erst recht nicht, wenn wir zum Lernen gezwungen werden und uns vorgeschrieben wird, was wir zu lernen haben.

Damit dieses riesige Potenzial an Vernetzungsmöglichkeiten im Gehirn möglichst gut stabilisiert werden kann und die in unseren Kindern angelegten Talente und Begabungen zur Entfaltung kommen, müssten wir ihnen möglichst lange und in einer möglichst vielfältigen Lebenswelt Gelegenheit bieten, ihrer Entdeckerfreude und ihrer Gestaltungslust in allen nur denkbaren Bereichen nachzugehen. Mit anderen Worten: Sie müssten so viel und so oft wie möglich und auf so vielfältige Weise wie möglich – spielen dürfen.

Um ihnen aber genau das zu ermöglichen, reicht es nicht aus, dass wir nun endlich zu verstehen beginnen, dass das Spiel der Erkundung der eigenen Möglichkeiten dient. Dazu müssten sich in unserer Gesellschaft die bisherigen Vorstellungen davon, was »spielen« bedeutet, welche Möglichkeiten das »Spiel« bietet und welche biologische Bedeutung ihm zukommt, sehr grundsätzlich verändern. Die entscheidende Voraussetzung dafür ist – ebenso wie in allen anderen Bereichen, in denen Veränderungen anstehen – ein Zuwachs an Erkenntnissen, ein Hinzukommen von neuem Wissen über die Hintergründe und über die Bedeutung dieses bemerkenswerten Phänomens, das wir »Spiel« nennen.

Entwicklungspsychologen, Neurobiologen und Pädagogen haben in Zusammenarbeit mit den Vertretern vieler anderer

Disziplinen in den letzten Jahren ganz entscheidend dazu beigetragen, unsern Blick für das zu schärfen, was beim Spiel in uns und mit uns geschieht. Wir beginnen zu verstehen, weshalb wir Menschen nur dann ganz Mensch sein und das in uns angelegte schöpferische Potenzial zur Entfaltung bringen können, solange wir immer wieder vielfältige Gelegenheiten finden, es auf spielerische Weise selbst zu entdecken und zu erproben.

Diese neue Betrachtungsweise passt nun auch zu dem Bild, das Physiker, Mathematiker und Komplexitätswissenschaftler ebenfalls in den letzten Jahrzehnten über die Bedeutung des Spiels als universelles Prinzip sich selbst organisierender Systeme entwickelt haben. Auch hier, im Bereich der unbelebten Materie, kann sich nur dann etwas bereits Bestehendes zusammenfügen und zunehmend komplexere Strukturen ausbilden, die den Möglichkeitsraum des bereits Vorhandenen erweitern, indem spielerisch erprobt wird, was auf welche Weise zusammenpasst.

Aber wie so oft und vor allem immer dann, wenn wir mit naturwissenschaftlichen Methoden und Ansätzen in einen Bereich vorstoßen, der sich unter der Ebene der beobachtbaren Phänomene verbirgt, bestätigen die auf diese Weise zutage geförderten Befunde tiefe Einsichten, zu denen besonders tiefsinnige Menschen bereits Jahrhunderte, manchmal sogar Jahrtausende vor uns gekommen sind.

Aus diesem Grund lohnt es sich, diese uralten Erkenntnisse etwas genauer zu betrachten und sie aus der Perspektive unseres nun neu hinzugekommenen naturwissenschaftlichen Wissens etwas näher zu beleuchten.

DAS LÄCHELN DES WEISEN

ZUR PHILOSOPHIE DES SPIELENS

Nicht immer kommen sich avancierte Wissenschaft und ältestes Menschheitswissen so nahe wie hier, wo es ums Spiel geht. Denn was Neurophysiologie und andere naturwissenschaftliche Disziplinen heute lehren, haben die Menschen immer schon gewusst oder wenigstens doch geahnt: Irgendwie scheint die Welt einem Spiel zu gleichen – und irgendwie tut der Mensch gut daran, sich als Mitspieler in diesem großen Weltenspiel zu sehen.

Jedenfalls zieht sich das Thema Spiel in vielfältigen Variationen durch die Geschichte des menschlichen Geistes hindurch. Kein Wunder also, dass wir bei deren Durchsicht einer bemerkenswerten Reihe von Spiel-Weisen begegnen, die bei ihren Reflexionen des Lebens und der Welt einige der Erkenntnisse der heutigen Wissenschaft antizipierten – und die daraus vor allem Konsequenzen für die Lebenspraxis zogen, von denen wir noch heute profitieren können. Ein Streifzug durch die Schatzhäuser des abendländischen Geistes gibt deshalb zu erkennen, weshalb wir gut beraten sind, das Spiel zu retten: Wir retten mit ihm immer auch unsere eigene Lebendigkeit, unsere Tugend, unsere Freiheit, unsere Authentizität, unsere Potenziale – unsere Lebenslust.

Die kleine Zeitreise, auf die wir Sie nun gerne mitnehmen wollen, führt uns nicht nur zu den Ursprüngen der Kultur – sie führt uns zu plausiblen und tiefsinnigen Deutungen des Mysteriums jener wunderbaren Wirklichkeit, die wir Spiel nennen.

Die Spielweisen der alten Mythen

Am Anfang war das Spiel. Nicht das Wort und nicht die Kraft, auch nicht die Tat oder der Urknall. Nein, am Anfang war das Spiel. So jedenfalls stellt es sich dar, wenn wir tief hinabsteigen in den Brunnenschacht der Vergangenheit – dorthin, wo unsere keltischen und germanischen Vorfahren um die Weltenesche lungerten und sich ihre alten Mythen erzählten. Da sprachen sie in dem Bewusstsein, dass diese Welt sich einem *spell* verdankt: einem Zauber, einem Spiel. Die Welt war wie das Fidelspiel der Götter, das alles zu einer ganz bestimmten Weise – einer bestimmten Melodie – fügt, die sich selbst im Strom der Zeit weiterspielt, bis dass sie eines Tages abbricht und ein neuer *spell* anhebt.

Die Welt als *spell*, als Spiel, als Zauber, als Musik – das ist ein Gedanke, der sich in vielen ursprünglichen Kulturen und Traditionen wiederfindet. Für unseren Kulturkreis von besonderer Bedeutung ist hier die Welt der alten Griechen. Es war wohl Pythagoras von Samos, der als erster der Hellenen mit der Idee aufwartete, der Kosmos sei durchdrungen von einer schönen Musik, die die Himmelskörper auf ihrer Reise durch das All erzeugen. Und etwa zeitgleich sprach in Ephesos der »dunkle Denker« Heraklit ein Wort aus, das fortan die kühnsten Denker Europas fesselte und faszinierte:

> αἰὼν παῖς ἐστι παίζων, πεσσεύων· παιδὸς ἡ βασιληίη. – Die Weltzeit [Äon] ist ein spielendes Kind, Brettspiel spielend; des Kindes ist das Königtum.[4]

Man kann sich denken, dass Legionen von Philosophen und Philologen sich an diesem Satz abgearbeitet haben. Einer von ihnen ist Friedrich Nietzsche, der in gewisser Hinsicht seine ganze Philosophie darauf aufgebaut hat. In der Abhandlung *Die Philosophie im tragischen Zeitalter der Griechen* notierte er, die Welt sei das Spiel des Zeus,

> so, wie das Kind und der Künstler spielt, [...] in Unschuld – und dieses Spiel spielt der Äon mit sich. Sich verwandelnd in Wasser und Erde, türmt er wie ein Kind Sandhaufen am Meere, türmt auf und zertrümmert: von Zeit zu Zeit fängt er das Spiel von Neuem an. Ein Augenblick der Sättigung: dann ergreift ihn von Neuem das Bedürfnis, wie den Künstler zum Schaffen das Bedürfnis zwingt. Nicht Frevelmut, sondern der immer neu erwachende Spieltrieb ruft andre Welten ins Leben. Das Kind wirft einmal das Spielzeug weg: bald aber fängt es wieder an in unschuldiger Laune. Sobald es aber baut, knüpft, fügt und formt es gesetzmäßig und nach inneren Ordnungen.[5]

Man ahnt, wie anders sich der Mensch verstünde, wenn er im Gefolge Heraklits oder Nietzsches die Welt und sein eigenes Leben als Spielgeschehen deutete: Das Universum wäre selbstgenügsam, spielte mit sich selbst. Die in ihm herrschenden Gesetze der Natur wären nichts anderes als Spielregeln, die es sich schuf, damit es spielen kann. Es wäre dann wohl nicht das Universum Albert Einsteins, der von dem Weltenschöpfer sagte: »Der Alte würfelt nicht.« Mit Heraklit müsste man ihm entgegnen: »Der *Knabe* würfelte durchaus – nur *der Alte* würfelt nicht ... oder nicht mehr.«

Allerdings kannte Heraklit auch nicht den »Alten« im Sinne Einsteins. Dass die Welt von einem allmächtigen Weltenschöpfer ins Dasein gerufen sein könnte, ist eine Vorstellung, auf die ein antiker Grieche nie gekommen wäre. Die Welt, in der er lebte, jener bunte, schöne Kosmos, galt nicht als Werk von irgendeinem Gott. Schon immer gab es sie, und immer würde es sie geben. Die Götter waren genau wie wir Bewohner dieser Welt – unsterblich zwar, aber ansonsten gar nicht so sehr von uns verschieden. Eines nur hatten sie den Menschen voraus: Sie waren Spieler. Sie »spielen, sie leben in seliger Muße, sie spielen nicht nur ihre Spiele, sie spielen auch die Liebe, die Arbeit und den Kampf«, sagt der Philosoph Eugen Fink und liegt damit nicht falsch.[6] Tatsächlich kennen die Götter Griechenlands keine Sorge. Sie wollen nichts, sie erschaffen keine Welt. Sie sind ganz anders als der ernste Schöpfergott der Bibel. Während dieser am Berg Sinai Gebote gibt oder den Feinden seines Volkes Plagen schickt, da flirtet Zeus und spielt mit Menschenmädchen. Wenn man den größten Gott der Griechen nicht als Spieler sieht, kann man ihn nicht verstehen. Und um die anderen Olympier steht es nicht anders.

Der Grund dafür ist einfach: Die Götter sind Verdichtungen des Seins. Und da den Griechen alles Sein beseelt war, kann man sagen: Sie sind verdichtete Lebendigkeit. Lebendigkeit jedoch hat vielerlei Facetten. Sie ist chaotisch, wild und grausam; sie ist geordnet, schön und klug; mal ist sie weiblich, mal ist sie männlich. Aber all das spielt ineinander und miteinander. Entsprechend gibt es viele Göttinnen und Götter. Sie alle haben ihre je eigene, unverwechselbare Spielweise. Eine jede und ein jeder verdichten einen Aspekt vollkommenen Lebens zu einer göttlichen Gestalt, von der die Mythen und Kulte der Menschen zeugen – und vor allem die Spiele, die zu Ehren der göttlichen Spielergemeinschaft als kultische Feiern vollzogen wurden.

Uns, die wir unter dem Einfluss einer ganz anderen religiösen Tradition stehen, mag das befremden. Aber machen wir uns klar: Die Götter Griechenlands sind Erscheinungen des *Seins* und nicht der *Macht*. In ihnen erscheine nicht »eine Kraft, die das Grenzenlose kann [...], sondern ein Sein, das sich tausendfach um uns her lebendig ausprägt als eine große Wesensgestalt unserer Welt«[7], schreibt der von der alten Religion beseelte Mythenkenner Walter F. Otto in *Die Götter Griechenlands*. Und weiter: »Das Erste und Höchste ist nicht die Macht, die den Akt vollbringt, sondern das Sein, das sich in der Gestalt offenbart.« So aber, wie die Mythen von den großen Göttern künden, ist klar ersichtlich, dass sie spielerisch ein Sein bekunden, das aus der Sicht der Griechen selbst ein Spiel ist. Und umgekehrt: Wenn das Sein selbst als ein Spiel gesehen wird, dann müssen wohl auch die Götter Spieler sein.

So darf man sich nicht wundern, wenn die alten Mythen den Eindruck erwecken, der Olymp wäre der Spielplatz einer göttlichen Krabbelgruppe, der immerhin so prominente Knirpse wie Dionysos, Apollon, Hermes oder Herakles angehören. Denn bei all den genannten großen Göttern hat sich die Idee zum Mythos verdichtet, dass die schöpferische Kraft des Kosmos sich in Kindsgestalt spielend in der Welt bewährt, wie C. G. Jung und Karl Kerényi in ihrem gemeinsamen Essay *Das göttliche Kind* gezeigt haben.[8] Einen sprechenden Eindruck davon vermittelt ein orphisches Fragment, das den Dionysosknaben vorstellt, der mit den bunten Spielzeugen der Welt spielt: »Kreisel verschiedener Art und gliederbewegende Puppen, Äpfel auch, goldene, schöne, der singenden Hesperidentöchter«[9]. Und ähnlich erzählte man sich die Geschichte, wonach einst Zeus mit dem von seiner Amme Adrasteia gefertigten Weltenball jonglierte, der *sphaira*. »Überall atmet in solchen Mythen die Ahnung, dass die Welt nicht aus Zwang, nicht als kosmisch notwendiger Entfaltungsprozess aus dem Göttlichen hervorgegangen ist«, kommentiert Hugo Rahner in seinem exquisiten Büchlein *Der spielende Mensch* diese Geschichten, »sondern aus einer weisen Freiheit, aus dem heiteren Nichtmüssen des göttlichen Genius aus der Hand eines ›Kindes‹«.[10] Und zu Recht weist er darauf hin, dass auch das Jesuskind und die Putti des Barock »kaum mehr verstandene Nachfahren dieser Versinnlichung des göttlichen Weltspiels« sind.

Nun ist jedoch die Welt, in der wir leben, ganz sicher nicht die Welt, die nach dem Bild des Kinderspiels oder des *spell* gebaut ist. Das liegt daran, dass sie von einem anderen religiösen Bild durchdrungen ist: dem Bild des Weltenschöpfers, der die Welt geschaffen hat, die später von ihm abfiel und seither der Erlösung harrt. Das gibt dem Menschenleben und der Geschichte einen erheblichen Ernst. Die spielerische Leichtigkeit der alten Griechen oder auch der Kelten, ja überhaupt der meisten indigenen Völker, sucht man im Dunstkreis der abrahamischen Religionen – des Judentums, des Christentums und des Islams – vergebens. Oder doch fast vergebens, denn wir wollen nicht unterschlagen, dass in den Weisheitsbüchern der Israeliten erzählt wird, einst habe, da er die Welt erschuf, die Weisheit Gottes *(choma)* vor des Allmächtigen Auge getanzt (Prov. 8,27–31). Auf diesen Text nahmen gerne auch die frühen Kirchenlehrer Bezug, die noch den Geist der heidnischen Philosophie atmeten, etwa Gregor von Nazianz, der unsere Welt als Spiel des göttlichen Geistes dachte, oder Maximus Confessor, der den Menschen als Gottes Spielzeug begriff.[11]

Die Welt als Spiel, die Erde als ein Spielfeld – es ist ein großer und erhabener Gedanke, der von der alten Mythologie über Heraklit und die neuplatonisch gefärbten Kirchenväter überliefert wurde. In der Renaissance taucht er in der Idee des *Theatrum mundi* wieder auf, etwa bei Calderón, und dann erneut in der Romantik, wenn Friedrich Schlegel alle Kunst als

Teilhabe am großen Weltenspiel deutet: »Alle heiligen Spiele der Kunst sind nur ferne Nachbildungen von dem unendlichen Spiele der Welt, dem ewig sich selbst bildenden Kunstwerk.«[12] Noch Martin Heidegger steht in dieser Tradition, der in seinem abgründigen Denken über den »Satz von Grund« das Wort des Heraklit dahin gehend variiert, dass er das Sein – wie er es nennt: das »Seinsgeschick« – als Spiel deutet und das Dasein des Menschen darin erkennt, »aufs Spiel gesetzt«[13] zu sein: eingebunden in ein umfassendes Geschehen, das in sich selber ruht und nicht im Dienste irgendeines letzten Zweckes steht. Zuletzt erreicht das Bild des Heraklit sogar Hollywood, wenn in der denkwürdigen Schlussszene des Filmes *Man in Black* der Zuschauer dem Murmelspiel einiger putziger Aliens beiwohnt, deren funkelnde Spielzeuge sich bei näherem Hinsehen als ... winzige, sanft tanzende Galaxien entpuppen.

Doch Heidegger hin und Hollywood her: Die moderne Welt erscheint uns nicht mehr als bunter Tummelplatz von Göttern und Dämonen, als Spiel oder als Tanz der Weisheit. Der *spell* der Gegenwart hat nicht mehr viel vom Spiel. Hier geht es ernst zu, und wir sehen in den anderen schon längst nicht mehr die Mitspieler im großen Lebensspiel. Geschwunden ist das mythische Lebensgefühl, das man etwa noch bei einem seinerzeit schon Unzeitgemäßen wie Friedrich Hölderlin findet, wenn er dichtet:

Da ich ein Knabe war,
Rettet' ein Gott mich oft
Vom Geschrei und der Rute der Menschen,
Da spielt' ich sicher und gut
Mit den Blumen des Hains,
Und die Lüftchen des Himmels
Spielten mit mir.[14]

Dieses Lebensgefühl gibt es nicht mehr. Mit uns spielt kein Lüftchen mehr und aus unseren Blumen sind die Nymphen längst geflohen. Stattdessen reißen wir sie mit Maschinen nieder oder verjagen sie mit unseren Pestiziden. Das Spiel ist aus. Der Nachbar ist uns nicht ein Spielgefährte, sondern ein Konkurrent, gegen den wir uns durchsetzen müssen. Wir sind, so will es scheinen, aus dem Spiel genommen. Und eben das tut uns nicht gut – rettet das Spiel!

Die Spielweisen der antiken Philosophie

Dass das Spielen dem Wesen des Menschen entspricht und ihm deshalb gut zu Gesicht steht, hat wohl Platon als erster Denker Europas in aller Klarheit zu sagen gewagt. Jedenfalls hat er an einer viel zitierten Passage im siebten Buch seines Dialogs über die Gesetze *(Nomoi)* den Gedanken vorgetragen, der Mensch sei gut beraten, sein Leben spielend zuzubringen. Dort lässt er einen namentlich nicht näher vorgestellten Athener sagen:

> Der Mensch [...] ist nur ein vom Gott gemachtes Spielzeug – und eben das ist in der Tat das Beste an ihm. Demgemäß sollten ein jeder Mann und jede Frau die allerschönsten Spiele spielend ihr Leben zubringen, der heutigen Denkweise gerade entgegengesetzt. [...] Was ist nun das Richtige? Dass man sein Leben lang bestimmte Spiele spielt, mit Opfer, Gesang und Tanz, [...] und sich so die Huld der Himmlischen erwirkt, indem man das Leben seiner Natur gemäß lebt, wohl wissend, eigentlich bloß Puppen zu sein, die an der Wahrheit nur geringen Anteil haben.[15]

Man sieht, dass hier die alte, uns von Heraklit geläufige Weltsicht der Hellenen im Hintergrund steht, die das Göttliche – hier *der Gott* – als einen Spieler deutet und den Menschen als Spielzeug oder Spiel in dessen Händen. Spielen ist dieser Weltsicht folglich eine dem Sein und der menschlichen Natur gemäße, uns wesentliche Lebensform. Deshalb sollte der Mensch sein Leben als festliche Folge schöner Spiele feiern. Denn solches zu tun heißt, der *conditio humana* gerecht zu werden: selbst wesentlich ein Spiel zu sein.

Und eben das taten die Griechen. Von allen uns fassbaren Kulturen hat keine dem Spiel eine so tragende Bedeutung zugesprochen wie die des antiken Hellas. Tatsächlich haben es die Griechen in Sachen Spiel zur Meisterschaft gebracht. Nicht nur, dass sie bei jeder sich bietenden Gelegenheit – vom Geburtsfest bis zum Begräbnis – Wettspiele und Wettkämpfe veranstalteten; die eigentlichen Gravitationszentren ihrer Kultur waren die großen panhellenischen Festspiele zu Olympia, Delphi, Nemea und Isthmia. Bei ihnen erneuerte sich die griechische Identität, bei ihnen wurden sich die Griechen ihrer Zusammengehörigkeit bewusst. Ja, selbst ihre Zeitrechnung folgte dem Zyklus der Spiele, zählten die Griechen doch die Jahre nach Beginn der ersten Festspiele zu Olympia im Jahre 776 vor Christus. Hellas war das Land des Spiels. Und seine Spiele waren kultische Feste im Zeichen ihrer Götter.

Aus heutiger Sicht mag man sich darüber wundern. Aber tatsächlich lassen sich Kult und Spiel, Wettkampf und Fest bei den Griechen nicht voneinander trennen. Von den großen gymnastischen Wettkämpfen zu Olympia ist das hinlänglich bekannt. Olympia war der Ort des Zeus. Dort ehrte man den Gott des Blitzes und der Stärke. Man ehrte ihn im schnellen Lauf, beim Ringkampf und beim Boxen. Man zeigte seine Kraft und nahm so an ihr teil. Man maß sich aneinander, um dem unerreichten Maß des Gottes möglichst nah zu kommen – wohl wissend, dass es unerreichbar ist. Hier zeigt sich, dass die griechische Idee des Agons so gänzlich anders ist als unsere Sicht des Wettkampfs. Der Agon bei den Spielen der Hellenen erfolgte stets im Angesicht des Gottes: Ihm ziemte nur der Beste oder nur das Beste. Deshalb wurde auch nur der Sieger bekränzt: Nicht, weil er die anderen geschlagen hatte, sondern weil an ihm das Wesen des Gottes am sichtbarsten geworden war. Ruhm war dem Sieger des Wettkampfs gewiss. Doch lag der Sinn der Spiele nicht darin, mit Ruhm bekränzt den heiligen Ort zu verlassen. Der Sinn der Spiele erschöpfte sich vielmehr darin, eine dem Gott gebührende Handlung zu vollziehen: zu seinen Ehren zu spielen. Der Wettkampf war ein Gottesdienst, und jedes Festspiel der Hellenen war ein Stück vom Himmel – ein Teilhaben am Fest der Götter, und zwar so, wie es dem Menschen ziemt: in klaren, durch das Spiel gesetzten Grenzen, in Klammern, vor denen als Vorzeichen der Name eines Gottes prunkte – Zeus und Hera in Olympia, Apollon in Delphi, Poseidon in Isthmia, Dionysos in Athen, Demeter in Eleusis. Unter ihrer Ägide zu spielen, bedeutete, sich mit der Facette der Lebendigkeit zu verbinden, die sich in diesen Göttern zu höchster Intensität verdichtet hat: Sie spielerisch darzustellen, bedeutete, in höchstem Maße selbst lebendig zu sein.

Den Griechen ging es um Lebendigkeit. Mehr noch: Es ging ihnen um die bestmögliche Lebendigkeit – um die volle Entfaltung dessen, was sie »Seele« nannten: *psyché*. Entfaltung der Seele hieß im alten Griechenland *paideia* – ein Wort, das sich am besten mit »Bildung« wiedergeben lässt. Die Grundidee der *paideia* war es, die Seele so zu formen, dass sie auf bestmögliche Weise gedeihen konnte – ihre Entfaltung und ihr Wachstum so zu kultivieren, dass sie das Beste aus sich entfaltet. Es ging darum, das wahre Menschsein, die der menschlichen Seele eigene *areté* auszubilden: die Tugend, das Ideal eines voll erblühten Lebens, wie es in den Gestalten der Götter in seinen unterschiedlichen Facetten sinnenfällig war. Oder anders gesagt: Die Idee der *paideia* war die Darstellung des ewigen Wahren, Guten und Schönen – des Göttlichen – während der endlichen Spielzeit eines Menschenlebens.

Den Weg dorthin zu weisen, galt als die Aufgabe des Pädagogen. Sein Job war es, die Seele eines Menschen so zu bilden, dass an ihr das Ideal des Lebens sichtbar wird. Als Ideal des Lebens galt den Griechen die Balance oder die Harmonie des Leibes und der Seele. Das rechte Maß des Lebens immer neu zu treffen, mit sich und mit der Welt im Einklang zu sein: Das war es, worin sie die höchste Qualität der Lebendigkeit und die Tugend aller Tugenden entdeckten. Es ging ihnen bei der *paideia* um ein Einstimmen von Leib und Seele. Es ging darum, die Seele und den Leib in eine schöne Melodie zu fügen, die dem gerecht wird, was das Leben wahrhaft ist: ein buntes Miteinander von Gefühlen, Trieben, Gedanken, körperlichen Funktionen etc. – ein Konzert vielfältiger Stimmen, die sich zu einer Symphonie vereinen, die in einem vollkommenen Spiel mit- und ineinander spielen: in einer Symphonie, wie jede Göttin und jeder Gott sie auf ihre höchst eigene Weise sinnenfällig machten.

Platon, der den pädagogischen Impuls der Griechen wohl am reinsten ausgeprägt hat, konnte das Projekt der Bildung deshalb auch als *homoiosis theo* beschreiben: als »Anähnlichung« an Gott, als Vergöttlichung der Seele. Dem Göttlichen möglichst gleich zu werden, die in den Göttern verdichtete Lebendigkeit in der eigenen Seele zu entfesseln – das war in Platons Wahrnehmung das Ziel, dem die den Göttern gewidmeten Kulte und Spiele dienten. Wie er in den *Nomoi* darlegte, waren ihm die Festspiele mit ihren musischen und gymnastischen Darbietungen eine Art emotionales Bildungsprogramm, mit dessen Hilfe auf leicht eingängige und beglückende Weise den Menschen ein Sinn für das Gute, Stimmige und Schöne vermittelt, ja implementiert werden sollte.

Der Wert der Spiele für die Bildung verdankt sich ihrer Rückbindung an das Göttliche. Im Spiel – und nirgends so wie dort – lässt sich das Unendliche ins Endliche übersetzen, das Göttliche ins Menschliche, das Ewige ins Zeitliche, das Ideale ins Unvollkommene. Wer im Zeichen der Götter spielt, ist Bürger zweier Welten: der Welt der Menschen und der Welt der Götter. Sofern er an der Welt der Götter teilhat, gestaltet sich sein Leben als ein *ernstes* Unterfangen, indem er deren ewiges und wahres Sein bekundet. Sofern er an der Welt der Menschen teilhat, gerät ihm das Leben zu einem Spiel: zu einem Tanz, zu einem Lied, zu einem Wettlauf, zu einer Komödie oder zu einer Tragödie, in der sich Freud und Leid die Waage halten, wie Sokrates einmal im *Philebos* behauptet[16] – zu einem Spiel, in dem Komödie und Tragödie aufs Innigste verquickt sind.

So wie im Spiel der Kinder das Gefühl für Harmonie und Stimmigkeit gebildet wird, so wie im Festspiel der Erwachsenen der Sinn fürs Wahre und fürs Gute spielerisch entwickelt wird und es dem Menschen möglich ist, die Schönheit und die Kraft der Götter darzustellen – so wird für den gereiften Weisen zuletzt das Leben selbst zu einem heiligen Spiel, worin der Ernst des Göttlichen mit der Heiterkeit des Menschlichen verwoben ist. Die Weisheit eines Menschen zeigt sich daran, dass er in allen Belangen seines Lebens Ernst damit macht, ein solches heiteres und dabei doch heiliges Spiel zu sein.

Vor diesem Hintergrund zeigt sich die ganze Tragweite des oben zitierten Wortes Platons. Es umreißt das Ideal des Weisen, der sich im Spiel dessen bewusst geworden ist, dass vor dem Hintergrund des Göttlichen das Leben letztlich Spielen ist und es ihm deshalb gut zu Gesicht steht, immer neue Festspiele zu Ehren der Götter zu feiern.

Aufs Schönste inkarniert worden ist dieses Ideal des Weisen von Sokrates. In seinen *Erinnerungen an Sokrates* hat Xenophon einmal den Gesprächsstil des Meisters treffend charakterisiert, indem er sagte, Sokrates habe bei seinen philosophischen Gesprächen »mit einem ernsten Unterton gescherzt«[17]. Der gleiche Xenophon war es auch, der am Anfang seines *Gastmahls* festhielt: »Mir scheinen die Werke der schönen und guten Männer nicht nur der Erinnerung wert, wenn sie mit Ernst vollbracht sind, sondern auch im Spiel.«[18] Und ganz in diesem Sinne sagte Platon, der »vollkommen weise gewordene Mann« erprobe sich in Gedanken, Taten und Werken »im Spiele ebenso wie im Ernste«[19] – wobei er sicherlich an keinen anderen dachte als an Sokrates, den er in seinen Dialogen wieder und wieder als einen Meister der spielerischen Gesprächsführung porträtierte; oder an sich selbst, denn aus dem Dialog *Phaidros* wissen wir, dass Platon sein eignes literarisches Tun als ein »herrliches Spiel« beschrieb: »als das Spiel dessen, der von der Gerechtigkeit und den anderen erwähnten Tugenden dichtend mit Reden zu spielen vermag«.[20]

Der spielerische Zug des sokratischen und platonischen Philosophierens rührt daher, dass beide von der geschilderten doppelten Staatsbürgerschaft der menschlichen Seele ausgingen. Einerseits führt die Seele in Raum und Zeit ihr befristetes Dasein, andererseits ist sie dazu berufen, die ewig göttliche Idee des guten, wahren und schönen Lebens darzustellen. Das Spiel des Lebens ist in Zeit und Raum begrenzt. Es ist doch »nur« ein Spiel, weil jene, die es spielen, sterblich sind. Und doch kann man nichts Größeres vom Menschenleben sagen, als dass es »nur« ein Spiel ist, weil es das Potenzial birgt, das Göttliche zu inkarnieren – was wiederum nur deshalb möglich ist, weil Spielzeit und Spielraum des Lebens begrenzt sind. Die Epiphanie des Ewigen im Endlichen ist wesentlich ein Spiel – und dieses Spiel bewusst mit Mitspielern zu spielen, ist die wahre Meisterschaft des Lebens.

Sie setzt freilich voraus, dass man das Spiel des Lebens als Festspiel zu Ehren der Götter versteht. Anderenfalls verlöre es sich in leerer Spielerei. Spielt man jedoch im Wissen um die Endlichkeit des eigenen Lebens und im Wissen um die Ewigkeit des Wahren, Guten und Schönen, das sich darin offenbaren kann, dann schwingt die Seele in jener wunderbar gelassenen Tonlage, die wir an Sokrates beobachten können. Das Griechische kennt für sie ein kaum übersetzbares Wort: Der unter dem Götterhimmel spielende Mensch war ihnen ein »Ernstheiterer« *(anér spoudogéloios)*. Von ihm schreibt Hugo Rahner, er sei »ein Mensch der heiteren Geistesentbundenheit, sozusagen der seelischen Eleganz, der unbesiegbaren Geborgenheit; und ebenso ein Mensch der Tragik, des Lachens und Weinens, oft geradezu der gelassenen Ironie, da er die tragisch lächerlichen Masken des Lebensspiels durchschaut, die bedrückenden Grenzen des irdischen Daseins ausgemessen hat.«[21]

Das schönste Bild des ernstheiteren Menschen ist wohl der Sokrates aus Platons *Phaidon*. Dort sehen wir den Weisen in den letzten Augenblicken seines Lebens. Seit Stunden schon versuchte er, seine Gefährten davon zu überzeugen, dass er mit gutem Grund dem Tod gelassen entgegenblickt. Argumente und Mythen hat er schon bemüht, um sich für seine Zuversicht zu rechtfertigen – mal ernst, mal spielerisch. Und nun, am Ende dieses langen und verschlungenen Gesprächs, wirft sein Freund Kriton jene höchst nüchterne Frage auf:

»Aber auf welche Weise sollen wir dich begraben?« Sokrates antwortet: »Wie ihr wollt, wenn ihr mich nur wirklich haben werdet und ich euch nicht entwischt bin.« Und Platon schreibt: »Dabei lächelte er ganz ruhig.«

Das Lächeln des todgeweihten Sokrates ist das Symbol des weisen Spielers. Diese Weisheit hat über die Jahrtausende nichts von ihrer Gültigkeit und Wahrheit eingebüßt. Die ernstheitere Gelassenheit des lächelnden Sokrates angesichts des Todes ist Ausdruck der höchsten Humanität – eines voll erblühten Menschseins, einer voll entfalteten Seele, die es zu »Bestheit« und Tugend gebracht hat. Es ist eine Humanität, die durch den Geist des Spielens kultiviert ist: eine Humanität, die Maß nimmt an der Sterblichkeit des Menschen – die die beschränkte Spielzeit unseres Lebens ernst zu nehmen weiß, die sich vom ewigen und göttlichen Maß aller Dinge die Spielregeln vorgeben lässt, die da heißen: Harmonie, Balance, Rhythmus, Gleichgewicht.

So zeigt sich, was wir noch heute von den Spiel-Weisen des alten Hellas lernen können: Ihre Idee, das Leben als ein Spiel zu feiern und uns in vielfältigen Spielen zu ergehen, um so im vollen Sinne Mensch zu sein und das Spektrum des Menschseins auszuloten, ist bleibend gültig. Freilich nur dann, wenn es gelingt, das Spiel des Lebens und die vielen Spiele der Menschen rückzubinden an das Wahre, Gute und Schöne.

Solches tut not, wenn es darum geht, das Spiel zu retten. Und das Spiel zu retten tut schlussendlich not, um Räume für Weisheit und Gelassenheit angesichts des Todes zu öffnen – Räume blühender Lebendigkeit und seelischer Reife. Und seien wir ehrlich: Das kann uns allen nicht schaden.

Wenn Platon und die antiken Philosophen darüber sinnierten, wie wichtig das Spiel für ein voll entfaltetes Menschsein ist, dann war das ein konservativer Diskurs: Man begründete und rechtfertigte eine Spielkultur, die es von alters her gab, die jedoch durch die Neuerungen der ersten Aufklärungsschübe des fünften vorchristlichen Jahrhunderts ihre Selbstverständlichkeit zu verlieren drohte. Was am Ende auch geschah. Schon eine Generation nach Platon zeigte sich sein Meisterschüler Aristoteles dem Spiel deutlich weniger aufgeschlossen und erklärte, das glückselige Leben sei »ein Leben ernster Arbeit, nicht lustigen Spiels«, und als richtige Maxime müsse der Spruch gelten: »Spielen, um zu arbeiten«, da das Spiel nichts anderes sei als eine Erholung.[22]

So weit war die spielerische Kultur der Hellenen schon durch ihre eigenen Vordenker dekonstruiert, als ihr im ersten Jahrhundert vor Christus infolge der Zerstörung der heiligen Spielstätten Olympias und Delphis durch die Römer endgültig der Garaus gemacht wurde. Und mit dem Triumph des Christentums geriet sie schließlich in Vergessenheit. Bis die italienische Renaissance mit der antiken Kunst auch die Lust am Spiel zu neuen Ehren brachte.

Allein, so unschuldig wie einst in den antiken Spielstätten zu Delphi und Olympia ließ sich in einer christlich dominierten Kultur nicht mehr spielen. Zwar blühte an den Adelshöfen der Renaissance, des Barock und Rokoko eine nie gewesene Spielkultur, doch gleichzeitig keimte – vor allem unter dem Einfluss der Reformation – ein diesem spielerischen Geist zutiefst feindlicher Groll, der sich mit der Französischen Revolution entlud. Die spielerische Leichtigkeit des Ancien Régime erschien denen, die von ihr ausgeschlossen waren, mehr und mehr als gewissenlose Verspieltheit. So wurde sie von einem neuen, schweren Ernst verdrängt: dem Ernst der Arbeit und des Handels, dem Ernst der Wirtschaft und der Industrie, dem Ernst der Politik.

Friedrich Schiller und das Spiel der Kunst

Der Aufstieg dieser neuen, ernsten Mächte rief unter den feinfühligen und kunstsinnigen Denkern um 1800 Widerstand hervor. Und so begegnen uns die großen Theoretiker und Spielmeister der Neuzeit vor allem als Kulturkritiker – als Gegner jener neuen Ernsthaftigkeit, die sie als Bedrohung des Humanen erkannten. Man sieht: Das Anliegen, das wir verfolgen, ist nicht neu – Retter des Spiels gab es schon deutlich vor unserer Zeit. Sie ahnten, was wir heute wissen können: Spielen ist dem Menschen wesentlich. Womit wir bereits beim ersten und führenden *Magister ludi* sind, den die Neuzeit zu bieten hat: bei Friedrich Schiller. So war er es doch, der schrieb:

> Der Mensch spielt nur, wo er in voller Bedeutung des Wortes Mensch ist, und er ist nur da ganz Mensch, wo er spielt.[23]

Von Schiller ist bekannt, dass er zu spielen liebte. Im Schillerhaus in Weimar kann man noch heute Schillers Kartenspiel bewundern, sogar mit handgeschriebenen Notizen von des Meisters Hand. Wir wissen auch, dass er im Sommer 1788 voller Begeisterung mit seiner späteren Frau Charlotte von Lengefeld und deren Schwester Caroline im mütterlichen Garten Blindekuh zu spielen pflegte – vermutlich auch, weil er die heimliche Erotik dieses Spiels liebte und so auf unverfängliche Weise beiden lieblichen Geschöpfen nahe sein konnte.

Mit dieser Leidenschaft war Schiller nicht allein. Im vorrevolutionären Zeitalter des Rokoko erging man sich in einem Maße in Spielen, das heute unvorstellbar scheint. Zumindest für die Welt der Aristokratie dürfte dieser Satz nicht übertrieben sein. Wer einen Eindruck davon zu erhalten wünscht, wie sehr man sich im 18. Jahrhundert an den Fürstenhöfen Europas in Spielwelten bewegte, dem sei die Lektüre des Tagebuches des Herzogs von Croÿ anempfohlen, das mit dem Titel *Nie war es herrlicher zu leben* unlängst von Hans Pleschinski herausgegeben worden ist.[24] Von durchgespielten Nächten ist darin die Rede, von Promenaden auf der Liebesinsel, von Scherzerei und Heiterkeit beim Besuch einer »Lustmolkerei« in Chantilly, von Jagden und Pferderennen, von Theater, Oper und allerlei anderer verspielter Lustbarkeit. Wer all das auf sich wirken lässt, versteht, warum ein Diplomat des 18. Jahrhunderts wie Charles-Maurice de Talleyrand-Périgord notieren konnte: »Wer die Zeit vor der Revolution nicht gekannt hat, wird nie begreifen, wie süß das Leben sein kann.« Und diese Süße des Ancien Régime verdankt sich nicht zuletzt seiner Spielkultur.

Barock und Rokoko erscheinen rückblickend wie eine einzige Spielzeit, in der der Adel Adel spielte – und das mit größter Virtuosität. Das ganze höfische Zeremoniell mit Protokoll und *antichambre* war ein einziges Gesellschaftsspiel. Nicht anders die ständigen Tanzveranstaltungen mit ihren komplizierten Gesellschaftstänzen. Selbst die Politik trägt unverkennbar spielerische Züge. »Die Staatskunst – Kabinettspolitik und politisches Spiel der Intrigen und Abenteuer – ist niemals sonst so wirklich ein Spiel gewesen« wie im 18. Jahrhundert, schreibt Johan Huizinga: »Allmächtige Minister oder Fürsten in eigener Person [...] stellen ohne große Rücksichten sozialer und wirtschaftlicher Art [...] mit gefälligem Lächeln und in höflichen Formen die Kraft und die Wohlfahrt ihrer Länder auf eine tödliche Probe, als ob sie einen Läufer oder einen Springer auf dem Schachbrett wagten.«[25]

Es scheint, die Schlösser und Paläste des Barock sind nichts anderes gewesen als Puppenhäuser oder Spielkasinos. Und dann diese verrückte Mode! »In den jüngeren Epochen der europäischen Kultur lässt sich kaum ein Element finden, das so sehr den spielhaften Kulturimpuls erkennen lässt wie die Perücke, so wie sie im siebzehnten und achtzehnten Jahrhundert getragen wurde«, notiert Huizinga ganz zu Recht.[26] Denn wahrlich: Wer auf sich hielt, legte eine Perücke an oder ersann die tiefsten Dekolletés und am höchsten toupierten Haarfrisuren. Dazu verkleidete man sich in üppigsten Kostümen, die ihrerseits die passenden Kulissen brauchten: Die ganze Baukunst war ein Spiel der Perspektiven. Die Gartenkunst verwandelte ausladende Ländereien in Spielplätze und Phantasiewelten, in denen sich galante oder auch frivole Herren mit jungen Damen auf ein Schäferstündchen treffen konnten. Man nehme nur die Bilder eines Fragonard, Boucher oder Watteau – und schon springt einen jener Spielgeist an, der in Barock und Rokoko zur schönsten Blüte reifte.

Auf wunderbare Weise hat ihn der Romancier Wolf von Niebelschütz zur Sprache gebracht, als er notierte: »Das Phänomen des Barock liegt darin, dass er bewusstermaßen ein Vexierbild aus sich gemacht hat, dessen äußerer Anschein die inneren Konturen überdeckte. Es liegt ein zauberisches Flirren von Oberfläche auf seinen Tiefen, ein Spiel von Glück über seiner Trauer, ein selbstironisches Lächeln in seiner Wehmut, und nur manchmal, in unbewachten Momenten, wie dem Menetekel des Erdbebens von Lissabon, bricht eine abgründig schwermütige Ahnung herauf.«[27] Das ist brillant gesehen, denn es lässt erkennen, wie viel von der antiken Weisheit des Ernstheiteren in jener Zeit zurückgekehrt war.

Und das gilt nicht nur für den Adel. Es ist viel zu kurz gegriffen, wenn man glaubte, Spiel, Fest und Feier seien im Barock ein Monopol der High Society gewesen. Weit gefehlt. Das Volk feierte und spielte munter mit – zumindest da, wo es katholisch war. So kann man davon ausgehen, dass es in ländlichen Regionen Südeuropas pro Jahr bis zu 90 Feiertage gab, an denen Spiel und Lustbarkeit der Menschen Herz erfreute.[28] Davon waren zwar nur 34 Feiertage höchst offiziell dekretiert (per päpstlicher Bulle *Universa per orbem* von 1642), doch scheute man sich nicht, so manchem regionalem Heiligen mit Spiel und Fest die Ehre zu erweisen. Ganz anders war es bei den Protestanten: Die Calvinisten hatten ihren Festkalender auf fünf oder sechs hohe Feste zusammengeschmolzen, die Lutheraner hatten immerhin noch 15, manchmal 20 Feiertage.

Vermutlich verrät sich in diesen Zahlen einer der Gründe dafür, warum Barock und Rokoko so herzhaft spielten: Es war ein Akt der Gegenreformation – es war ein Aufbegehren gegen calvinistische Moral und lutherische Glaubensstrenge, das ausgehend von den katholischen Fürstenhöfen und vom Vatikan die Lust an Spiel und altem Heidentum geweckt hatte. Da nahm man Glaubenstreue und Bekenntnis nicht zu ernst: Auf einmal tummelten sich die alten Götter wieder – und das sogar in bischöflichen Gärten oder Schlafgemächern ... Das gerade war es nicht, was Luther oder Calvin wollten. Die Reformatoren haben eher ihren Platz im Pantheon der großen Spielverderber, als dass man sie unter die *Magistri ludi* rechnen dürfte. Der spielerische Geist der Renaissance und der Humanisten war ihnen von Anfang an ein Dorn im Auge. Nie wären sie auf die Idee gekommen, das Leben eines Christenmenschen mit dem Bild eines Spiels zu beschreiben, so wie Nikolaus von Kues das in seinem *Dialogus de ludo globi (Gespräch über das Globusspiel)* gewagt hatte. »Die ganze Geisteshaltung der Renaissance war Spiel«[29], sagt Huizinga – die ganze Haltung der Reformation hingegen war eine dem Spiel feindliche. In ihr obsiegt der unbedingte Ernst – der Ernst des Gläubigen, der sich fortwährend um sein Seelenheil sorgt. Die Sorge aber ist der Tod des Spiels.

Letztlich war es der sorgenvolle Ernst der Reformation, der sich auf Umwegen in den Geist der modernen Ökonomie schlich, wie Max Weber gezeigt hat, und so zur Entstehung desjenigen Menschentypus beitrug, der später als *Homo oeconomicus* Epoche machte. Der wirtschaftende Mensch sieht sich als rationalen Egoisten, der stets nach seinem Nutzen, seinem Vorteil fragt – der Ernst des Menschen, der darum bemüht ist, seine Interessen durchzusetzen. Gegen diese Form des Ernstes, der Moralismus und Pragmatismus gemeinsam ist und der das Menschliche, Humane in seinen Augen zu ersticken drohte, richtete Schiller sein Programm der ästhetischen Erziehung des Menschen:

> Jetzt aber herrscht das Bedürfnis und beugt die gesunkene Menschheit unter sein tyrannisches Joch. Der Nutzen ist das große Idol der Zeit, dem alle Kräfte fronen und alle Talente huldigen sollen. Auf dieser groben Waage hat das geistige Verdienst der Kunst kein Gewicht, und, aller Aufmunterung beraubt, verschwindet sie von dem lärmenden Markt des Jahrhunderts.[30]

Und weiter im fünften Brief:

> Mitten im Schoße der raffiniertesten Geselligkeit hat der Egoism sein System gegründet, und ohne ein geselliges Herz mit heraus zu bringen, erfahren wir alle Ansteckungen und alle Drangsale der Gesellschaft.[31]

In dieser Situation machte Schiller sich zum Apologeten des Spielens. Das Spiel erschien ihm als Gegengift zu Egoismus und Herzlosigkeit. Das Spiel war ihm der Königsweg zu Menschlichkeit, Moral und Bildung. Was Schiller wollte, war eine Revolution auf dem Wege des Spiels. Wie kam er dazu?

Wie für alle Kinder des 18. Jahrhunderts war Schillers großes Ideal die Freiheit. Frei sollte der Mensch sein, in der Freiheit liegen sein Wesen und sein Adel, die wahre Humanität. Das war für Schiller gesetzt. Die Frage war nur: Um welche Freiheit geht es eigentlich? Die Freiheit, die in Paris auf die Barrikaden gegangen war, konnte es für ihn nicht sein. Die war unter den Händen der Jakobiner auf der Place de la Concorde verblutet. Die Freiheit des Marktes und die Freiheit, die eigenen Interessen zu verfolgen, waren ihm zu wenig. Nein, eine andere, wirkliche Freiheit hatte Schiller im Blick: eine Freiheit, die das Schöne stiftet – »weil es die Schönheit ist, durch welche man zu der Freiheit wandert«, wie er im zweiten seiner Briefe *Über die ästhetische Erziehung des Menschen* festhält.[32]

Die Wanderführerin auf diesem Weg zur Freiheit konnte für Schiller nur die Kunst sein, ist sie es doch, die Schönheit schafft. Und so verwandelte sich in seinem Denken die galante und zuweilen auch frivole Freiheit des Barock zur eleganten und spielerischen Freiheit der Kunst. Damit entwarf er einen neuen Typ des *Homo ludens* – nicht mehr den ernstheiteren Weisen der alten Griechen, sondern den souveränen Künstler, der schöpferisch das Schöne schafft und so den Weg zu einer echten und soliden Freiheit bahnt. Aber wie kam er darauf?

Auch für Schiller ist der Mensch ein Bürger zweier Welten. Nicht so, wie Platon und die alten Griechen dachten, die uns dazu berufen sahen, im Gewand des Sterblichen das Göttliche und Unsterbliche darzustellen; sondern so, wie man es sich in der Neuzeit seit den Tagen René Descartes' zu denken angewöhnt und von Immanuel Kant gerade ein weiteres Mal dargelegt bekommen hatte: Zum einen ist der Mensch ein Bürger der Geisteswelt, zum anderen ist er ein Wesen der Natur. Sofern er Geist oder Vernunft hat, so die große Idee der gesamten neueren Philosophie, ist er frei; sofern er aber aus Fleisch und Blut gemacht ist, unterliegt er wie alle anderen Kreaturen auch der unerbittlichen »Legislation« der Naturgesetze – um einen Ausdruck Kants zu gebrauchen: Da kennt er Hunger und Durst, da folgt er seinen Trieben und Begierden, da frönt er der Lust und sexuellen Freuden; da ist er fern aller Moral.

Das Reich der Moral ist das Reich des Geistes. Hier herrscht – um noch einmal Kant zu bemühen – das Sittengesetz, das dem Menschen sagt, was gut und schlecht ist, und dem sich zu unterwerfen ihm freisteht. Das heißt: Eigentlich steht es ihm nicht frei. Denn wenn er bei Verstand ist und seine praktische Vernunft nicht durch sinnliche Triebe getrübt, dann kann er gar nicht umhin, dem Sittengesetz zu folgen, weil es von der Vernunft selbst geboten ist.

Gleichviel. Was für uns zählt, ist Folgendes: Als Bürger zweier Welten droht dem Menschen eine doppelte Gefahr: Er kann zum Moralapostel werden und im Stil der Jakobiner die Moral mit Feuer und Schwert zur Geltung bringen. So macht er sich zum Sklaven der Vernunft und zum Despoten über Leib und Sinne. Er kann aber auch zu sinnlicher Ausschweifung neigen. Dann macht er sich zum Sklaven seines Leibes und diesen zum Despoten über seinen Geist – in etwa so, wie es der dekadente alte Adel getan hatte.

Schiller suchte die goldene Mitte: zwischen Revolution und Restauration, zwischen Jakobinern und Aristokraten – vor allem aber zwischen Natur und Geist. Es musste doch möglich sein, ein Leben zu führen, bei dem weder der Geist die Natur knechtet noch die Triebe die Vernunft an die Kette legen. Es musste doch einen mittleren Zustand geben, in dem sich diese beiden Mächte im Menschen die Waage halten – in dem wir weder den Zwängen der Ratio noch den Zwängen der Physis erliegen. Und tatsächlich: Es gibt diesen Zustand innerer Balance und Harmonie. Es ist der Zustand des Spiels. Warum das?

Diese Frage nötigt uns, noch ein Wort über die Schönheit zu verlieren. Denn die Schönheit ist jene Qualität des Lebens, worin sich Geist und Leib die Waage halten. Am besten kann man sich das auf dem Feld vor Augen führen, das Schillers Heimat war: das der Literatur. Ein schöner Charakter, so eine Pointe seiner Poetologie, ist einer, in dem weder die Natur des Menschen durch seine Vernunft geknechtet ist noch seine Triebe die Moral vergessen lassen: Natürlich und vernünftig zugleich – das ist schön.

Der schöne Mensch ist der, bei dem Natur und Geist im Spiel sind. Und weil die Schönheit eine Frucht des Spielens ist, gerät das Spiel zum Urheber der Freiheit – nicht irgendeiner Freiheit, sondern jener, die einen Menschen wirklich frei macht, weil sie das Potenzial zum Menschsein in ihm freisetzt. So konnte Schiller sagen: »Der Mensch soll mit der Schönheit *nur spielen*, und er soll *nur mit der Schönheit* spielen.«[33]

Aber stimmt das auch? Schiller fällt sich selbst ins Wort:

> Wird aber [...] nicht das Schöne dadurch, daß man es zum bloßen Spiel macht, erniedrigt und den frivolen Gegenständen gleichgestellt, die von jeher im Besitz dieses Namens waren? Widerspricht es nicht dem Vernunftbegriff und der Würde der Schönheit, die doch als ein Instrument der Kultur betrachtet wird, sie auf ein bloßes Spiel einzuschränken, und widerspricht es nicht dem Erfahrungsbegriffe des

> Spiels, das mit Ausschließung alles Geschmackes zusammen bestehen kann, es bloß auf Schönheit einzuschränken?[34]

Die Antwort, die sich Schiller auf den selbst gemachten Einwand gibt, bündelt seine Wertschätzung des Spiels:

> Aber was heißt denn ein bloßes Spiel, nachdem wir wissen, daß unter allen Zuständen des Menschen gerade das Spiel, und nur das Spiel es ist, was ihn vollständig macht und seine doppelte Natur auf einmal entfaltet? [...] Die wirklich vorhandene Schönheit ist des wirklich vorhandenen Spieltriebes werth; aber durch das Ideal der Schönheit, welches die Vernunft aufstellt, ist auch ein Ideal des Spieltriebes aufgegeben, das der Mensch in allen seinen Spielen vor Augen haben soll.[35]

Und so gewinnt Schiller zuletzt aus seiner Reflexion auf Spiel und Schönheit einen Maßstab, an dem sich die von ihm propagierte ästhetische Erziehung des Menschen auszurichten hat: Spielen soll der Mensch, gewiss, doch soll er nur so spielen, dass als Spielergebnis Schönheit herauskommt. Wenn also Schiller sagt, der Mensch sei eigentlich nur da ganz Mensch, wo er spielt, dann gilt das letztlich für alle Spiele, sofern sie schön sind. Und schön sind sie dann, wenn sie dem Menschen Freiheitsräume öffnen, in denen er Natur und Geist vereinen kann, sei es in der Literatur, auf der Theaterbühne, im Tanz oder auch in der Gartenkunst, die man im Rokoko so schätzte. Die Verbindung der freien, kreativen Seite und der darstellend-zeigenden Seite des Spiels ist die Grundsignatur von Schillers Ideal des *Homo ludens*, der zugleich Erzieher mithilfe der Schönheit und Erzogener durch die Schönheit ist. Sein Tätigkeitsfeld ist die Kunst. In ihr verwirklicht er immer wieder aufs Neue das Zusammenspiel von Geist und Natur und stellt die Balance des Lebens her. Künstlerisch schaffend spielt er.

Der souverän spielende Künstler wird durch Schillers Spielphilosophie zum Ideal des freien und schönen Menschen. Und den braucht es noch heute. Denn unter uns: Viele freie und schöne Geister bringt unsere Gesellschaft gerade nicht hervor. Kreativität und Geistesfreiheit werden zwar von Coaches und Change-Managern als Werte benannt, aber nur selten wird der Mut aufgebracht, sie zuzulassen, zu fördern oder zu kultivieren. Und selbst wenn es an der Bereitschaft dazu nicht fehlt, mangelt es am Wissen darum, dass jene Qualitäten authentischen Menschseins des Spiels bedürfen, um zur Entfaltung gebracht zu werden. »Rettet das Spiel!« – das heißt mit Schiller: Schafft authentische, freie Spielräume und Spielzeiten, um der Schönheit zu huldigen – und zwar jenseits von bloßem Kulturkonsum und Entertainment.

Schlegel, Novalis und die Spiele der Romantik

Das Spiel zu retten, das bedeutete eine Generation nach Schiller sogar noch mehr: Rettet die Lebendigkeit! Rettet das Leben! Rettet die Welt! So jedenfalls könnte man das Anliegen jener jungen wilden Intellektuellen auf die Formel bringen, die um das Jahr 1800 herum Schiller beerbten. Die Rede ist von den Romantikern, deren wegweisende Pioniere Friedrich Schlegel und Friedrich von Hardenberg alias Novalis waren.

Die Romantiker erwiesen sich als Schillers größte Fans. Mit gutem Grund schreibt Rüdiger Safranski: »Schiller hat sich von der ästhetischen Erziehung viel versprochen, und er hat damit eine bis dahin beispiellose Rangerhöhung von Literatur und Kunst bewirkt. Das neue Selbstbewusstsein künstlerischer Autonomie, die Ermunterung zum großen Spiel und zur erhabenen Nutzlosigkeit, das Versprechen einer Ganzheit im Kleinen – alles zusammen hat der Romantik Auftrieb gegeben.«[36]

Auch die Romantiker litten unter den Fehlentwicklungen der Französischen Revolution und träumten von einer besseren, neuen Welt: einer Welt, in der sich wirklich leben ließe, lebendig, gemeinschaftlich und frei – einer Spielwelt, die hervorzubringen primär Aufgabe der Kunst, letztlich aber jedes einzelnen Menschen sei. Sie beklagten den Triumphzug jener ökonomischen Rationalität, die Max Horkheimer so treffend als *instrumentelle Vernunft* beschrieben hat.[37] Auch Schlegel und Novalis mochten sich nicht anfreunden mit dem »Nutzen« als »Idol der Zeit«, auch sie beklagten die Fragmentierung des Menschen und der Gesellschaft. Ähnlich wie Schiller setzten sie auf die Kraft von Kunst und Spiel, um aus dem fragmentierten Leben wieder ein ganzes und vollkommenes zu machen. So heißt es bei Schlegel:

> Fantasie und Witz sind dir Eins und Alles! – deute den lieblichen Schein und mache Ernst aus dem Spiel, so wirst du das Zentrum fassen und die verehrte Kunst in höherm Lichte wieder finden.[38]

Das spielerische Therapeutikum, das Schlegel seiner Zeit zu verabreichen gedachte, war die Poesie – genauer: die »progressive Universalpoesie«, von der er schrieb, mit ihrer Hilfe wolle er »das Leben und die Gesellschaft poetisch machen«[39]. Diese »romantische Poesie«, wie er sein Projekt nannte, sollte eine Art Spiegelspiel sein: ein fortgesetztes Reflektieren und Changieren, bei dem die Welt sich in immer neuen Perspektiven bricht und solcherart dem Zugriff der pragmatischen Vernunft entzogen wird. »Dazu aber muss man begriffen haben«, so bringt Safranski Schlegels Ansatz auf den Punkt, »dass das Leben vielleicht überhaupt nichts anderes ist als – ein großes Spiel. Es kommt darauf an, sich als Akteur des großen Weltspiels in Szene zu setzen.«[40] In Schlegels eigenen Worten: »Alle heiligen Spiele der Kunst sind nur ferne Nachbildungen von dem unendlichen Spiele der Welt, dem ewig sich selbst bildenden Kunstwerk.«[41]

Mitspielen im Spiel des Lebens, um so die Welt aufs Neue zu verzaubern und den Siegeszug der instrumentellen Vernunft zu stoppen – so lässt sich das Programm der Frühromantiker umreißen. Bei Novalis liest sich das so: Der Mensch, so lehrte er mit unverwechselbarem Pathos, sei »Meister eines unendlichen Spiels und vergäße alle thörichten Bestrebungen in einem ewigen, sich selbst nährenden und immer wachsenden Genusse«[42]. Von hier aus wird erkennbar, inwiefern die Romantik sich als Programm zur Rettung des Spiels beschreiben lässt. Inwiefern ist dieses Programm noch gültig?

Fragen wir dafür, was es denn für ein Spiel ist, zu dem die Romantiker einluden. Novalis gibt die Antwort:

> Die Welt muß romantisiert werden. So findet man den ursprünglichen Sinn wieder. Romantisieren ist nichts als eine qualitative Potenzierung. [...] Indem ich dem Gemeinen einen hohen Sinn, dem Gewöhnlichen ein geheimnisvolles Ansehn, dem Bekannten die Würde des Unbekannten, dem Endlichen einen unendlichen Schein gebe, so romantisiere ich es.[43]

Der *Homo ludens* wird hier zu einer Art Magier, zu einem Künstler, der mit seinem Zauberwort die Welt zum Singen bringt und so den Menschen am großen Weltenspiel teilhaben lässt – ganz so, wie Eichendorff am Ende der großen romantischen Bewegung 1835 in seinem Gedicht »Wünschelrute« schreibt:

> Schläft ein Lied in allen Dingen,
> Die da träumen fort und fort,
> Und die Welt hebt an zu singen,
> Triffst du nur das Zauberwort.[44]

Bis hierhin sieht das große Spiel der Romantik Schillers Projekt der ästhetischen Erziehung ähnlich. Und selbst das weise Lächeln eines Sokrates, in dem der Ordnung stiftende Geist des Apollon und die chaotische Kraft des Dionysos in heiterer Harmonie zusammenspielten, mag man auch bei Schlegel erahnen, wenn man ihn sagen hört: »Denn das ist der Anfang aller Poesie, den Gang der Gesetze und der vernünftig denkenden Vernunft aufzuheben und uns wieder in die schöne Verwirrung der Phantasie, in das ursprüngliche Chaos der menschlichen Natur zu versetzen, für das ich kein schöneres Symbol bis jetzt kenne als das bunte Gewimmel der alten Götter.«[45] Und doch gibt jener kühne Denker dem ganzen Aufbruch der Romantik eine andere Richtung, die sich sowohl von Schiller als auch von Platon entfernt und dadurch die Tür zur Moderne aufstößt. Der Hebel, den Schlegel dafür verwendete, ist das Spiel der Ironie.

Die Strategie, die er dabei verfolgt, nimmt ihren Ausgang von dem Konzept des »Unendlichen«. Denn eben darum ging es ihm und der Romantik: Es ging darum, das Leben als Potenzial unendlicher Möglichkeiten gegen seine zweckrationale und pragmatische Überformung durch den Verstand zu verteidigen. Es ging darum, die Magie der Lebendigkeit zu entfesseln, indem die Oberfläche unseres sachlich-wissenschaftlichen Weltbildes aufgebrochen wird. Kein Wunder, dass Schlegel sich erkühnte, die Unverständlichkeit zu preisen:

> Wahrlich, es würde euch bange werden, wenn die ganze Welt, wie ihr es fordert, einmal im Ernst durchaus verständlich würde. Und ist sie selbst, diese unendliche Welt, nicht durch den Verstand aus der Unverständlichkeit oder dem Chaos gebildet?[46]

Das Spiel der Ironie sollte der Unverständlichkeit und der Unfassbarkeit des Lebens Rechnung tragen. Der Kniff, den Schlegel dabei anwendet, besteht darin, dass er alles scheinbar Sichere und Gewisse vor den Horizont des Unendlichen und Unfassbaren rückt und auf diese Weise dementiert. So wird der Anschein aller endlich-vertrauten Dinge brüchig. Die Konturen des Bekannten verschwimmen, und unter der porös gewordenen Oberfläche öffnet sich ein unfassbarer Abgrund: das Meer der Möglichkeiten, der Ozean unerhörter, ungelebter Potenziale, das Chaos, dem es sich verdankt, dass alles immer anders sein kann – die Quelle, der Ursprung der Lebendigkeit.

Nicht zufällig sind Dunkelheit und Dämmerung die Lieblingsmetaphern der Romantiker. Wenn alle Dinge die Kontur verlieren und die Wahrnehmung der Welt verschwimmt, dann kommt – genauso wie im Spiel der Ironie – das Unfassbare an die Oberfläche; dann ist der Mensch nicht länger festgekettet an die Rationalität und ihr Begreifen aller Dinge. Kein Wunder, so gesehen, dass die Romantiker eine besonders innige Beziehung zur Nacht ausprägten. Novalis schrieb seine *Hymnen an die Nacht*, Hölderlins Gedicht »Die Nacht« fand große Resonanz im Kreis der Brüder Schlegel, und durch Eichendorffs Dichtung zieht sich das mysteriöse »Zwielicht« wie ein *cantus firmus*:

Dämmrung will die Flügel spreiten,
Schaurig rühren sich die Bäume,
Wolken ziehn wie schwere Träume –
Was will dieses Graun bedeuten?[47]

Indem Poesie und Ironie die uns vertraute Welt ins Unheimliche verkehren, so die große Idee Schlegels, wird der Mensch zurück ins Spiel gebracht. Er kann sich neuerlich aufs Spiel setzen, weil ihm jenseits des von instrumenteller Vernunft und rationalem Kalkül verseuchten Tages der Spielraum der romantisch aufgeheizten Nacht geöffnet ist. Dort ist er frei, dort kann er kreativ sein – dort kann er die in ihm schlummernden Potenziale entfalten und spielen.

Aber was dann? Was sollte dann geschehen? Schon Eichendorff warf diese Frage auf: »Das Spiel der Poesie genügt mir nicht«, sagte der fromme Mann, »Gott lass mich was Rechtes vollbringen.«[48] So zauberhaft die Romantisierung der Welt begonnen hatte, so war sie doch in eine Sackgasse geraten: Sie hatte spielerisch den großen Spielraum des Lebens zurückgewonnen. Doch eben dort stand nun der romantisierte Mensch und Künstler. Er war nun frei zu spielen; doch gab es nichts, was er im Spiel zu zeigen hatte – nichts außer seinem Spielraum der Unendlichkeit, den er im endlosen Spiegelspiel der Perspektiven und Verweise immer neu bekunden musste. Das Spiel der Romantik lief Gefahr, verspielt zu werden – nichts andres mehr zu spielen als das Spiel. Die Weiche war gestellt zu einer avantgardistischen Kunst des *l'art pour l'art*, die sich darin verlor, in immer neuen Variationen die Offenheit des Spielraums zu erkämpfen, ohne dass sie noch sagen konnte, welches Spiel darin zu spielen wäre.

Die Avantgarde des 20. Jahrhunderts gründet im romantisch-ironischen Spiel. Sie dementiert sich dauernd selbst und macht es sich zur höchsten Pflicht, stets neue Spielräume zu generieren, in denen nichts zur Aufführung zu bringen ist. Das Spiel der avantgardistischen Kunst hört damit aber auf, ein Spiel zu sein: Weil es auf jede Form der Darstellung verzichtet und weder Maß noch Grenze anerkennt, hebt es den eigenen Spielcharakter auf und erstarrt zuletzt im Ernst: im Ernst, immer weiter gehen und immer neue Tabus brechen zu *müssen* – im Ernst, das Leben gegen seine rationale Überformung verteidigen zu *müssen*. Die Leichtigkeit des Spiels geht ihr dabei verloren. Sie lächelt nicht, denn sie weiß nichts von Göttern. Was Novalis als Pathologie seiner Zeit erkannte, als die Romantik noch in den Kinderschuhen steckte, gilt am Ende für die aus ihr hervorgegangenen Spielplätze der Kunst des 20. Jahrhunderts: »Wo keine Götter sind, walten Gespenster.«[49]

So hat die Romantik, die ursprünglich antrat, das Spiel zu retten, am Ende zu seinem Niedergang beigetragen. Dennoch kann man vieles von ihr lernen: dass in Spielräumen nicht nur Weisheit und Freiheit gedeihen, sondern auch echte, authentische Lebendigkeit. Im Spiel werden die bekannten Strukturen und Ordnungen des Lebens porös. Im Spiel tauchen wir ein in jene Potenziale, die zu entfalten uns lebendig macht. Im Spiel eröffnen sich uns neue Perspektiven.

Das Spiel zu retten, ist romantisch, im besten Sinne des Wortes: Es heißt, das Zauberwort zu suchen, die blaue Blume – die Unbekannte, ohne die die Gleichung unseres Lebens nicht aufgeht. Die romantische Spielweise mag etwas aus der Mode gekommen sein. Doch im Zusammenspiel mit der Weisheit der Griechen und der Freiheit Schillers mag sie ihre Gültigkeit behalten: als Weg der Potenzialerschließung, als Weg zum Ursprung.

Lebendigkeit, Freiheit, Ursprünglichkeit – es sind keine geringen Verheißungen, die uns die Spielweisen der Vergangenheit in Aussicht stellen und um derentwillen wir die Rettung des Spiels fordern. Und doch sind es noch nicht alle. Ein Spiel-Weiser fehlt uns noch: Friedrich Nietzsche. Eben der Nietzsche, der sagte: »Ich kenne keine andere Art, mit großen Aufgaben zu verkehren, als das Spiel«[50] – oder auch: »Mir ward alles Spiel.«[51] Für ihn ist das Spiel nicht nur das probate Mittel zur Potenzialerschließung, sondern auch zur Potenzialentfaltung.

Friedrich Nietzsche und die Spiele der Macht

»Reife des Mannes: das heißt, den Ernst wiederzufinden, den man als Kind hatte; beim Spiel.«[52]

Die Message ist deutlich – und wenn ihr auch der spirituelle oder der künstlerische Anstrich fehlen, die wir bei Platon und bei Schiller fanden, so ist sie doch dem Votum der früheren *Magistri ludi* überraschend ähnlich: Spielen soll der Mensch, um wirklich Mensch zu sein – und das nicht nur als Kind, sondern auch als Erwachsener. So reiht sich Nietzsche ein in den Kreis der Spiel-Weisen, die das Spiel als eine Lebensform feierten, die wie keine andere das Menschenleben gelingen und zur Blüte reifen lässt. Es scheint uns nicht zu weit gegriffen, in ihm den führenden Verfechter des Spielens des 19. Jahrhunderts zu erkennen, dessen Einfluss bis weit in die Gegenwart hineinreicht.

Das 19. war freilich ganz anders als das 18. Jahrhundert. Es war die Zeit der Industrialisierung. Der Triumphzug des Ökonomismus und der instrumentellen Vernunft war allen romantischen Widerständen zum Trotz erfolgreich vorangeschritten. Der Mensch sah sich mehr und mehr als Funktionsträger oder Marktteilnehmer. Es galt, sich auf dem Marktplatz oder auch Kampfplatz des Lebens zu behaupten. Nicht zufällig entwarf Charles Darwin seine Evolutionstheorie nach Maßgabe der damals modisch gewordenen liberalistischen Ökonomie im Stile eines Adam Smith.

Fürs Spiel der alten Schule gab es wenig Sinn. Die bürgerliche Welt des 19. Jahrhunderts spielte nicht mehr Politik und Hof. Sie spielte allenfalls um Geld und Macht, wie man aus Dostojewskis Roman *Der Spieler* lernen kann. Wenn Nietzsche im bürgerlichen Zeitalter für das Spiel votierte, dann tat er das als einer, der sich selbst als »Unzeitgemäßer« beschrieb. Und genau das macht ihn für unser Projekt der Rettung des Spiels interessant.

Auch Nietzsche deutet auf den Spuren Heraklits die Welt als Spiel. Und ebenso wie Platon ermutigt er den Menschen, als Spieler bewusst im Spiel der Welt mitzuspielen. Und das nicht nur als einer, der wie Schillers freier Künstler schöne Werke schafft oder als Romantiker die Welt verzaubert, sondern vielmehr als einer, der sich selbst zum Künstler seines Lebens macht – und sein Leben zu seinem Kunstwerk. Das eben ist der eigentliche Geniestreich Nietzsches: dass er die ästhetischen Programme Schillers und der Romantik in ein Projekt der Selbstbildung, der Lebenskunst verwandelt. Der *Homo ludens*, wie ihn Nietzsche propagiert, ist ein Spieler, der sein eigenes Leben spielt. Das freilich nicht zu Ehren seiner Götter – denn Gott ist für ihn ein für alle Mal tot –, sondern zur Ehre seiner selbst, auf dass er selbst sich vor der Welt zeigen und sich in ihr behaupten kann. Den ersten Schritt in diese Richtung wagt Nietzsche früh. In seiner Schrift *Über die Geburt der Tragödie aus dem Geiste der Musik* von 1872 entwirft er das, was er später seine »Artisten-Metaphysik« nennen wird, deren Pointe darin liegt, die »Kunst unter der Optik des Lebens« zu sehen.[53] Was Nietzsche in seinem ersten großen Buch leistet, ist eine Deutung des künstlerischen Schaffens mithilfe einer

Analyse der fundamentalen Lebenskräfte, die der Kunst zugrunde liegen. Diese Vorgehensweise erlaubt ihm dann, in einem zweiten Schritt die Sache umzudrehen und nach Maßgabe der Kunst eine Theorie echter und authentischer Lebendigkeit zu formulieren. Was dabei herauskommt, ist die Grundlage zu einer Philosophie der Lebenskunst, die ihre Leser dazu aufruft, als Künstler ihrer selbst ihr Leben zu spielen.

Diese Vorgehensweise wird möglich, weil Nietzsche seine Kunst- und Lebensdeutung von einem Spiel her entwickelt: vom Trauerspiel – der attischen Tragödie. In ihr spielen zwei Grundkräfte des Lebens ineinander, die uns von Platon schon vertraut sind: das Apollinische und das Dionysische. Bemerkenswert daran ist nun, wie Nietzsche diese beiden Kräfte deutet: »Um uns jene beiden Triebe näher zu bringen, denken wir sie uns zunächst als die getrennten Kunstwelten des Traumes und des Rausches.«[54] Mit diesen Worten entmythologisiert er das Apollinische und das Dionysische und führt beide zurück auf fundamentale Lebenserfahrungen des Menschen: auf die Erfahrung purer physisch-sinnlicher Vitalität, die Nietzsche mit dem Label »dionysisch« versieht, und auf die Erfahrung träumerischer Phantasie, die er für »apollinisch« hält.

Das Apollinische – das ist für uns entscheidend – ist hier nicht länger das Maßgebliche, das Prinzip des Wahren, Guten, Schönen, wie Platon es erfuhr und deutete. Es ist nicht mehr das Grundgesetz des Lebens, das spielerisch zur Darstellung zu bringen wäre. Nein, das Apollinische ist *Illusion* – ein denkwürdiges Wort, das ursprünglich nichts anderes bedeutet als *Einspielung*. Doch spielt sich im Verständnis Nietzsches nicht der Gott Apollon ein, der unserem Menschenspiel sowohl das Maß als auch die Grenze weist. Grund für die Einspielung ist vielmehr die Phantasie des Menschen, mit deren Hilfe er sich das ungestalte, rohe Leben erträglich und verfügbar macht.

Das apollinische Prinzip ist nach Nietzsche nichts anderes als der »schöne Schein der inneren Phantasie-Welt«[55]. So etwas wie die Darstellung des Wahren, Guten und Schönen oder des Ideals geglückten Lebens ist in Nietzsches Sicht der Kunst nicht länger vorgesehen. Und folglich auch nicht in der Lebenskunst.

Auch die Kunst des Lebens ist für Nietzsche nur ein Spiel der Illusionen – das »Einspielen« der eigenen Ideen und Phantasien, mit dessen Hilfe der Mensch das eigene Leben zu meistern glaubt und – im besten Falle – so gestaltet, dass er es gerne lebt und immer wieder leben will. Das Ideal der Lebenskunst besteht für Nietzsche darin, das eigene Leben als ein »Schauspiel« aufzuführen, zu dem man als sein eigener Autor bis in alle Ewigkeit »Da capo!« rufen möchte.[56]

Das Schauspiel des Lebens, von dem Nietzsche hier spricht, stellt nichts und niemand anderes dar als die Illusionen dessen, der es spielt. Es ist eine Art freie Improvisation, bei der der Spieler sich die Regel selber gibt – und deren höchstes Ziel darin besteht, diese apollinisch-illusionäre Maßgabe so durchlässig zu halten, dass der vitale dionysische Anteil im Menschen sich zur intensivsten Lebendigkeit entfalten kann. Das ist in Nietzsches Augen höchste Potenzialentfaltung – blühendes Leben: die Selbstdarstellung eines autonomen Spielers, der sich zu seinem Leben wie zu seinem Werk verhält, für das er selbst die Regeln definiert. Der autonome Spieler Nietzsches ist ein Künstler seiner selbst – ein Kind, das spielt und das sich selbst die Werte oder Regeln gibt, nach denen es sein Spiel gestaltet. Von diesem Ideal kündet ein Stück aus Nietzsches *Zarathustra*. Es heißt »Von den drei Verwandlungen«, und Nietzsche beschreibt darin seinen Weg der Potenzialentfaltung: den Weg der Transformationen, derer es bedarf, um ganz bei sich zu sein. »Drei Verwandlungen nenne ich euch des Geistes: wie der Geist zum Kamele wird, und zum Löwen das Kamel, und zum Kinde zuletzt der Löwe.«[57] Das spielende Kind wird hier zur Chiffre eines selbstbestimmten, freien und Ja sagenden Geistes:

> Aber sagt, meine Brüder, was vermag noch das Kind, das auch der Löwe nicht vermochte? Was muss der raubende Löwe auch noch zum Kinde werden? Unschuld ist das Kind und Vergessen, ein Neubeginnen, ein Spiel, ein aus sich rollendes Rad, eine erste Bewegung, ein heiliges Ja-sagen. Ja, zum Spiele des Schaffens, meine Brüder, bedarf es eines heiligen Ja-sagens: seinen Willen will nun der Geist, seine Welt gewinnt sich der Weltverlorene.[58]

Als Spieler kommt der Mensch zu sich selbst. Als *Homo ludens* ist er wirklich frei. Nun ist er souverän und spielt mit seinem Leben, so wie Schillers Künstler mit seinen Werken spielte. Der *Homo ludens*, den uns Nietzsche andient, tanzt über alle Dinge leichtfüßig hinweg. Er schafft sich seine eigene Illusion, nach der er sich und seine Welt gestaltet. Und dafür nimmt er sich die Macht, die er benötigt, damit sein Spiel ungestört bleibt. Der Wille zur Macht, den Nietzsche als das Grundprinzip in allem Leben feierte, gerät ihm zum Willen zum Spiel: zum Spiel des eigenen Lebens nach den eigenen Regeln – zu einem Spiel, das keinem Gott geweiht ist, sondern nur dem eigenen Willen –, zu einem Spiel, das keine Mitspieler mehr braucht, das allenfalls noch Gegenspieler kennt, die aus dem Feld zu räumen wären.

Und das ist das Problem: Der *Homo ludens* Nietzsches ist allein. Er hat von Gott die große Einsamkeit geerbt, die jenen vor der Schöpfung überkam. Ihm fehlen Bindung und Verbindlichkeit: Sein Spiel ist frei, aber es stellt nichts dar, außer sich selbst. Deshalb ist der Spieler Nietzsches nicht echt: ein Falschspieler und eben kein unschuldiges Kind. Die Spiele, die er spielt, sind Machtspiele, nicht Spiele der Verbundenheit.

Und trotzdem kann man viel von Nietzsche lernen: Es ist ja wahr, dass sich das Potenzial des Menschen dort entfaltet, wo er zum Kind geworden ist und spielt. Es ist ja wahr, dass er zum Löwen werden muss, der sich die Freiheit schafft zu spielen. Es ist ja wahr, dass er am Anfang ein Kamel ist, das sich das Leben schwer macht, weil er anderen gefallen will. Die Schwierigkeit von Nietzsches Machtspielen liegt da, wo sie die Rückbindung an die Wirklichkeit verlieren. So wahr es ist, dass Leben nie in Form erstarren darf, so irrig ist es doch zu meinen, dem Leben eigne nicht ein eigenes Maß – zu glauben, sich der Spielregeln des Lebens entledigen zu können und sich selbst zum Maß zu machen. Verliert das Spiel die Rückbindung ans Sein, hört es auf, ein gutes Spiel zu sein. Es wird verspielt, und ihm widerfährt das gleiche Schicksal, das die Kunst erlitt, als sie sich im Gefolge der Romantik der Dynamik der Avantgarde verschrieb: Verlust des Rückbezugs zum Wahren, Verlust der Rückbindung ans Gute, Verlust der Schönheit. Das Spiel von Nietzsches *Homo ludens* ist nicht schön. Es ist lebendig, aber es stellt nichts dar. Allenfalls ist es Selbstdarstellung.

Heraklit, Platon, Schiller, Schlegel, Novalis, Nietzsche – all diese Denker haben die Erfüllung des Menschseins im Spiel gesehen. Platon lehrte, der Mensch solle spielerisch seine Götter darstellen, damit er die Möglichkeiten ergreifen lerne, die das bunte Spektrum des Lebens bietet, und so ganz Mensch werde. Schiller meinte, als Künstler bekunde der Mensch spielerisch seine Freiheit und Schönheit und sei darin erst im vollen Sinne Mensch. Die Romantiker träumten von einem Leben, in dem der Mensch spielerisch seine Welt verzaubert, sodass er an das unendliche Möglichkeitsreservat seiner ungelebten Potenziale rückgebunden bleibt. Und Nietzsche hoffte, der Mensch würde sich als Künstler seiner selbst machtvoll in der Welt behaupten.

All diese Spiel-Weisen lehrten Spielweisen, von denen sie sich versprachen, dass sie die Menschen zum Kern ihres Menschseins führten. Sie alle ließen sich dabei – wissentlich oder nicht – von jenen Menschenbildern leiten, die in ihrer Zeit galten oder die in ihrer Geltung bedroht waren. Sie stellten das Spiel in den Dienst ihres Ideals des Menschen. Indem sie das taten, leisteten sie jedoch einer Gefahr Vorschub, der wir heute neuerlich begegnen: der Gefahr einer Instrumentalisierung des Spiels. Mag man es auch akzeptieren, dass Platon, Schiller & Co. das Spiel so hehren Zielen wie der wahren Humanität und Freiheit dienstbar machten, so bleibt kritisch anzumerken, dass es dem Wesen des Spiels eigentlich zuwider ist, für bestimmte Zwecke oder Ideen vereinnahmt zu werden.

Nicht erst heute sehen wir, wozu das führen kann. Denn auch wenn die Spiel-Weisen das Spiel an das Menschsein, die Natur oder das Leben zurückbanden, so finden sich in der Geschichte des Spiels auch reichlich Beispiele dafür, dass Spiele genutzt wurden, um Krieger, Kaufleute, Parteigänger, Hausfrauen und anderes mehr nach Maßgabe von Ideologie oder Religion heranzuzüchten. Diese Gefahr der Instrumentalisierung des Spiels besteht heute mehr denn je. Schlimmer noch: Viele Spiele sind ihr bereits erlegen. Und das ist umso gefährlicher, als die Menschenbilder und -konzepte, in deren Dienst die Spiele heute genommen werden, dem Spiel per se feindlich gesonnen sind: das Ideal des wirtschaftenden Menschen *(Homo oeconomicus)* und das Ideal des »machenden« Menschen *(Homo faber)*. Gegen beide muss der *Homo ludens*, der spielende Mensch, verteidigt werden.

Dafür können uns die Spiel-Weisen unserer Geschichte kostbare Inspiration geben. Ihnen verdanken wir Gedanken, Argumentationen und Begriffe, mit denen im Handgepäck wir den mannigfaltigen Gefährdungen begegnen können, denen das Spiel heute ausgeliefert ist. Diesen Bedrohungen wollen wir jetzt in die Augen sehen – weil man das Spiel nur retten kann, wenn man seine Gegner kennt.

ANGRIFF DER SPIELVERDERBER

WENN DAS SPIELFELD ZUM MARKTPLATZ WIRD

Wir leben in der Zeit des Spiels. So will es scheinen. Denn allenthalben spielen Menschen. Sie spielen an Computern und an Handys, sie spielen in Kasinos und an Automaten. Sie spielen an der Börse und in Unternehmen. Und sollten sie nicht selber spielen, so schauen sie doch beim Spielen zu. Im Fernsehen laufen dauernd neue Spielshows: von *Wer wird Millionär?* bis *Das Spiel beginnt*, von *Germany's Next Topmodel* bis zum *Dschungelcamp*. Und über allem thront der Quotenkönig Fußball. Nichts anderes lenkt so viele Augenpaare auf sich wie das runde Leder. Beim Endspiel der WM 2014 schauten Schätzungen zufolge mehr als eine Milliarde Menschen zu. In einem solchen Maße wurde die Aufmerksamkeit unserer Spezies noch nie zuvor synchronisiert. Kein Papst und kein Obama, kein Putin und kein Dalai Lama haben es je vermocht, so viele Menschenhirne gleichzeitig auf sich auszurichten. Und das über alle Grenzen hinweg: König Fußball ehren Arme und Reiche, Männer und Frauen, Menschen aller Kontinente, aller Religionen und Kulturen. Sie scheuen weder Geld noch Mühe, um ihre Helden auf dem Fußballfeld zu sehen. Sie bauen große Stadien, sammeln sich zu Tausenden beim Public Viewing, um ihrem Lieblingsteam zu huldigen. Mag sein, dass künftige Geschlechter im Rückblick auf die Gegenwart nur noch vom Zeitalter des Fußballs reden werden. Denn eins steht fest: Fußballspiele sind die öffentlichkeitswirksamsten Kulturereignisse unserer Zeit; so bedeutungsvoll für die Weltzivilisation der Gegenwart, dass die islamistische Barbarei dieses Spiel am 13. November 2015 in Paris zum Terrorziel gemacht hat.

Der größte Publikumsmagnet auf Erden ist ein Spiel. Das muss zu denken geben. Noch mehr zu denken geben muss, was um das Fußballspiel herum geschieht: finstere Machenschaften, Wettskandale, Korruption, die totale Vermarktung. Die Enthüllungen rund um den Weltfußballverband FIFA und den Deutschen Fußballbund DFB vermitteln wohl erst eine schwache Ahnung davon, wie sehr das Lieblingsspiel so vieler Menschen in die Klauen eines allem Spiel abholden Ungeistes geraten ist. Von allen Seiten ist das Spiel vom Business umstellt – buchstäblich, man achte nur auf die Werbebanderolen im Stadion und auf die Logos auf den Trikots der Spieler. Der *Homo oeconomicus* streckt machtvoll seine Krallen nach dem Fußballspiel aus und droht, es zu vernichten. Da wird vermarktet, was das Zeug hält, da wird das Spiel vor den Karren handfester ökonomischer und politischer Ziele gespannt, die es eigentlich zerstören müssten, wenn nicht das Fußballspiel aus sich heraus eine so hohe Dichte und Attraktivität hätte, dass die 90 Minuten auf dem Platz tatsächlich den ganzen Rummel und das ganze Business drumherum vergessen lassen. Selbst auf Profikicker trifft das zu. Wenn das Spiel läuft, sind sie wieder die Buben vom Bolzplatz – egal, was ringsherum geschieht: das Spiel*geschehen* selbst bewahrt noch jene Unschuld echten Spielens, auch wenn der Spiel*betrieb* vergiftet und verseucht ist. Das ist es wohl, was diesem Spiel den eigentlichen Glanz verleiht und es zum Lieblingsspiel der Menschheit macht.

Hält auch das Fußballspiel – noch – dem Angriff der Funktionäre und Händler einigermaßen stand – für die Mehrzahl der öffentlich gepushten Spiele aus TV und Internet gilt das längst nicht mehr. Hier hat die Kommerzialisierung ganze Arbeit geleistet. Viele Spielshows im TV sind so stark von einem spielfeindlichen Geist durchdrungen, dass einem doch recht schnell die Lust daran vergeht. Beim *Dschungelcamp* etwa liegt der Sinn der ganzen Inszenierung nicht im Spiel selbst, sondern allein bei dem, was herauskommt: Karriere, Geld und Prominenz als Zweck der Kandidaten; Zerstreuung und Unterhaltung beim Zuschauer; Profit und Einschaltquote als das Ziel der Sender. Die meisten Spielshows sind auf die Quote hin designt. Es geht bei ihnen nicht ums Spiel, sondern ums Geschäft. Und man sieht deutlich: Die Falschspieler sind unterwegs. Sie drohen, unsere Spielplätze in Marktplätze zu verwandeln und unsere Spielwelten der Businesswelt einzuverleiben. Hier wird das Spiel im großen Stile instrumentalisiert und wirtschaftlichen Interessen unterworfen: Hier wird der *Homo ludens* durch den *Homo oeconomicus* verdrängt. Der *Homo oeconomicus* zwingt allen Spielen seine eigenen Kriterien auf. Er kolonialisiert die Spielwelt und unterwirft sie dem Diktat seiner Werte: Effizienz, Produktivität, Funktionalität, Profitabilität – Werte, die im Reich des Wirtschaftens berechtigt sind, die aber das Spiel verderben und den *Homo ludens* zugrunde richten.

Die Herkunft des *Homo oeconomicus*

Der *Homo oeconomicus* steckt in uns allen. Es handelt sich bei ihm um ein Menschenbild: eine Selbstdeutung des Menschen, die im Laufe der Jahrhunderte so mächtig wurde, dass sie nicht nur die Lebensweise der Menschen zu prägen begann, sondern auch die Art und Weise, wie sie ihre Gemeinwesen, ihre Gesellschaft, ihre Ökonomie, ihre Beziehungen, ja ihr privates Leben gestalten – ein gutes Beispiel dafür, in welchem Maße Menschen ihr Sein nach Maßgabe ihres Bewusstseins formen; und wie sehr unsere Lebensform das Produkt einer geistigen Entwicklung ist, von der wir oft nichts wissen oder nichts wissen wollen. Was übrigens die Hoffnung nährt, dass sich ein Selbstverständnis wie das des *Homo oeconomicus* infolge geistiger Entwicklungen auch wieder verflüchtigen und durch andere, umfassendere und vielleicht stimmigere Selbstdeutungen des Menschen ersetzt werden kann.

Wenn wir fortan vom *Homo oeconomicus* reden, dann denken Sie dabei also bitte nicht an irgendwelche Wirtschaftsbosse oder Manager, die nichts mit Ihnen selbst zu tun haben. Nein, der *Homo oeconomicus* wohnt auch in Ihnen. Und wenn wir hier von den Gefahren reden, die von seiner aktuellen Weltherrschaft für das Spielen ausgehen, dann deshalb, um Sie auf den Spielverderber hinzuweisen, der vermutlich auch in Ihnen steckt und Sie hartnäckig darum betrügt, in Leichtigkeit und Freiheit Ihre Potenziale zu erkunden.

Geboren wurde der *Homo oeconomicus* im England des 18. Jahrhunderts. Es war die Zeit der Aufklärung, in der sich langsam, aber stetig ein neues Menschenbild durchzusetzen begann: Man verstand sich selbst als rationalen Egoisten, der von Machtstreben und Eitelkeit durchdrungen war. So ähnlich hatte man auch schon Jahrhunderte zuvor gedacht. Neu aber war im Werk von Denkern wie Bernard Mandeville oder Adam Smith die Idee, dass Egoismus und Gier mitnichten Laster seien, derer man sich schämen müsse, sondern dass sie ganz im Gegenteil kostbare Produktivkräfte seien, die – richtig genutzt – eine enorme ökonomische Potenz besitzen.

Und da infolge dieser Theorien die Ökonomie tatsächlich immer da ins Rollen kam, wo sich der *Homo oeconomicus* sein neues Reich erschuf, gewann das ihm geweihte Menschenbild im 19. und 20. Jahrhundert eine erhebliche Popularität. Zumal Charles Darwin sich seiner bediente, um nach seiner Maßgabe seine Theorie von der Entstehung der Arten zu entwerfen. Das ging so weit, dass die Idee vom Menschen als rationalen Egoisten, der sich mit Macht auf dem Marktplatz des Lebens zu behaupten habe, zur heute weltbeherrschenden geistigen Formation avancierte. Denn heute sind wir Zeugen dessen, dass alle Felder unseres Lebens dem Imperium des *Homo oeconomicus* einverleibt werden. Längst schon werden nicht mehr nur die Industrie und Arbeitswelt von ihm und seinen Werten beherrscht, im Gegenteil: Sein Reich umfasst das Bildungswesen ebenso wie das Gesundheitswesen, die Kultur ebenso wie die Religion – und leider eben auch in immer größerem Umfang die Welt der Spiele.

Hinter diesem Triumph steckt ein nicht ganz leicht zu durchschauender Prozess, der etwas mit der Grundstruktur und der Arbeitsweise unseres Gehirns, ja mit dem evolutionären Erbe unserer Spezies zu tun hat. Diese Zusammenhänge lassen sich recht gut beschreiben, indem wir uns noch einmal vergegenwärtigen, was wir im letzten Kapitel herausgearbeitet hatten. Der Blick zurück in unsere eigene Entwicklungsgeschichte, die Betrachtung der vielfältigen Spielformen, die Menschen über Generationen hinweg erfunden, weiterentwickelt und weitergegeben haben, und die intensiven Bemühungen von Philosophen, die Bedeutung des Spiels für die »Menschwerdung des Affen« (Feuerbach) herauszuarbeiten, machen vor allem eines deutlich: Wir Menschen sind Suchende.

Im Gegensatz zu den Tieren verfügen wir kaum über innere Orientierungshilfen in Form angeborener Verhaltensweisen, auf die wir zurückgreifen könnten und mit deren Hilfe wir in der Lage wären, uns in der Welt zurechtzufinden. Unser Gehirn ist dafür viel zu offen, viel zu plastisch und viel zu wenig vorprogrammiert. Deshalb ist es auch zeitlebens in seiner inneren Struktur, seiner Art der Vernetzung durch neue Lernerfahrungen veränderbar. Aus eben diesem Grund können wir immer wieder neues Wissen erwerben, uns neue Fähigkeiten und Fertigkeiten aneignen, neue Möglichkeiten für unsere eigene Weiterentwicklung erschließen und unsere jeweilige Lebenswelt nach unseren eigenen Vorstellungen gestalten.

Nichts von all dem, was wir heute denken und tun, was wir auf dieser Erde inzwischen geschaffen oder angerichtet haben, war vorprogrammiert. Der aufrechte Gang, die Sprache, die Schrift, das Musizieren, die Züchtung von Pflanzen und Tieren, die Häuser, die Dörfer und Städte, die wir bewohnen, die Verkehrsmittel, mit denen wir unterwegs sind, die Raketen, mit denen wir auf den Mond fliegen, und nicht zuletzt die Spiele, die wir spielen – keine dieser Leistungen war von Anfang an in unseren Gehirnen in Form entsprechender, dafür geeigneter Vernetzungen der Nervenzellen angelegt. All das haben wir erst im Verlauf eines langen, über viele Generationen währenden Suchprozesses selbst herausgefunden, selbst entwickelt und in unseren Gehirnen und denen unserer Nachkommen verankert. Wir mussten erst lernen, wie es geht. Und wir konnten es nur lernen, indem wir alles Mögliche ausprobiert haben. Wir mussten die Dinge durchspielen, auch auf die Gefahr hin, dass manches nicht funktionierte und wir im Nachhinein oft genug und vielfach auch auf schmerzhafte Weise erfahren mussten, dass wir uns wieder einmal geirrt hatten.

Und so sind wir noch heute unterwegs – als Suchende. In reinster Form lässt sich das bei unseren Kindern beobachten. Sie machen uns vor, wie dieses Suchen abläuft – und zwar beim Spielen. Spielerisch erkunden sie die Welt und finden schrittweise, durch Versuch und Irrtum heraus, was wie funktioniert, was sich auf welche Weise entdecken, gestalten und als neue Erfahrung im eigenen Gehirn verankern lässt. Helfen können wir ihnen dabei, indem wir ihnen die für dieses spielerische Entdecken erforderlichen Freiräume und Möglichkeiten bieten. Und indem wir ihnen mit unserem eigenen Wissen und Können dabei behilflich sind herauszufinden, wie es gehen könnte. Als Vorbilder, als Unterstützer, als Ermutiger.

Kinder hören aber sofort auf zu spielen, wenn sie merken, dass wir sie zu Objekten unserer Belehrungen, Anleitungen, Vorgaben, Erwartungen oder gar Erziehungs- und Bildungsmaßnahmen machen. Denn dann erleben sie sich nicht mehr als Subjekte, die ihren Weg in unsere Welt mit ihrer angeborenen Spielfreude selbst suchen und finden. Sie verlieren ihre Lust, selbst zu denken, selbst zu gestalten. Sie hören auf zu spielen und warten darauf, dass wir ihnen sagen, wie etwas geht, wann und wie sie etwas machen sollen. Und wenn niemand da ist, der ihnen das sagt, wird ihnen schnell langweilig. Dann suchen sie etwas, um diese Langeweile auszufüllen, und werden so allzu leicht zu bloßen Konsumenten oder Nutzern irgendwelcher Angebote, die speziell dafür gemacht worden sind, diese Langeweile zu vertreiben – sei es durch Ablenkung, Aufregung oder Unterhaltung, durch passives Anschauen oder heftiges Ausagieren von Affekten, wie es sich bei vielen digitalen Actionspielen beobachten lässt.

Mit Spielen hat all das aber nicht mehr viel zu tun, auch wenn solche Dinge gerne unter dieser Bezeichnung angeboten werden. Vielmehr wird ein von diesen Kindern und Jugendlichen als unangenehm erlebter emotionaler Zustand gezielt durch die Produzenten, Anbieter und Vermarkter solcher Langeweile-Vertreibungs-Produkte ausgenutzt, um ökonomischen Gewinn zu erzielen. Das ist das Einfallstor des wirtschaftlichen Denkens. Hier sickert es in die Spielwelt ein. Und ist es einmal drinnen, dann breitet es sich – wie wir gleich sehen werden – zwangsläufig auch immer weiter aus.

Denn nun lässt sich der Gewinn steigern: durch eine ständige Verbesserung der Attraktivität dieser Produkte und durch eine Vergrößerung der Anzahl der an solchen Angeboten interessierten, also gelangweilten Kinder. Deshalb werden die Angebote immer aufregender, bunter und eindringlicher gestaltet. Und deshalb gibt es aufseiten der Anbieter solcher Produkte ein unausgesprochenes, ja möglicherweise nicht einmal ihnen selbst bewusstes Interesse an einer wachsenden Anzahl heranwachsender Kinder, die bereits möglichst früh ihre ursprüngliche Lust am eigenen Entdecken und Gestalten verloren haben.

Erreichen lässt sich das auf sehr einfache Weise: Durch den Abbau von Räumen und Gelegenheiten, die Kinder zum zweckfreien und nicht von Erwachsenen bewachten und kontrollierten spielerischen Erproben ihrer eigenen Möglichkeiten aufsuchen können. Indem etwa freie Spielflächen zubetoniert, Naturräume in landwirtschaftliche Nutzflächen verwandelt oder aus Parkanlagen und Schutthalden ordentliche, gut bewachte Spielplätze gemacht werden; oder indem Eltern durch Hinweise auf ständig neue Gefahren, die überall lauern würden, so verängstigt werden, dass sie ihre Kinder kaum noch allein aus der Wohnung lassen; und schließlich, indem Kinder nur noch dort miteinander »spielen« dürfen, wo es nichts mehr zu entdecken und auszuprobieren gibt – in perfekt eingerichteten »Spielhäusern«, auf sicherheitstechnisch perfekt gestalteten »Spielplätzen«, mit digital gesteuerten, perfekt funktionierenden »Spielzeugen«.

Umsonst ist das alles freilich nicht zu haben, es kostet etwas. Es lässt sich also nicht nur Geld damit verdienen, dass etwas angeboten wird, was die Langeweile vertreibt, sondern auch mit der Herstellung und dem Verkauf von Dingen, die – nicht sofort, aber dafür langfristig umso sicherer – Langeweile erzeugen. Zwangsläufig wächst so die Nachfrage für weitere, noch besser funktionierende Spielhäuser, Spielplätze und Spielzeuge. Das Spiel wird zum Konsumgut, der Spielende zum Konsumenten, der Spielplatz zum Marktplatz.

Es ist aufschlussreich und spannend, diese sich selbst verstärkenden Strategien ökonomischen Gewinnstrebens zu erkennen und zu analysieren, und es ließen sich mit solchen Beschreibungen ganze Bücherregale füllen. Denn das Ganze gilt ja nicht nur für Kinder und auch keinesfalls nur für das Spiel. Es reicht auch nicht, die fortschreitende, fast alle Lebensbereiche erfassende Ausbreitung ökonomischen Gewinnstrebens einzelnen Personengruppen zuzuschreiben. Denn der Mensch bringt bei seiner Geburt weder eine solche Geisteshaltung noch deren Ausprägung im praktischen Handeln mit auf die Welt. Sie ist niemandem von Anfang an ins Hirn einprogrammiert worden. Sie hat sich erst aufgrund bestimmter Erfahrungen, die einzelne Menschen beim Heranwachsen gemacht haben, allmählich entwickelt. Und sie wird genährt und begünstigt durch eine Mitwelt, die von Jahr zu Jahr stärker durch das ökonomische Denken geprägt ist.

Die Geisteshaltung des *Homo oeconomicus* ist also ebenso erlernt und soziokulturell geformt wie jede andere Selbstdeutung des Menschen. Sie ist in Form entsprechender erfahrungsabhängig herausgeformter Verschaltungsmuster der Nervenzellen im Gehirn nach und nach fest verankert worden. Genetisch mitgebracht haben wir lediglich die Möglichkeit, aus einer Vielzahl an Vernetzungsoptionen dieses spezifische Verschaltungsmuster entweder herauszubilden und zu stabilisieren oder auch nicht.

Der Mensch wird folglich nicht als *Homo oeconomicus* geboren, aber die Möglichkeit, einer zu werden, ist in uns allen von Anfang an angelegt. Weil wir nicht wissen, wie das Leben geht und wie wir uns in der Welt zurechtfinden können, müssen wir es im Verlauf unserer eigenen Entwicklung erst herausfinden. Durch Versuch und Irrtum, anders geht es nicht. Und weil die Irrtümer, die wir dabei machen, so schmerzlich sind, weil sie uns immer wieder verunsichern und verängstigen, manchmal sogar in einen Zustand der Ohnmacht versetzen, versuchen wir, solche Fehler zu vermeiden.

Je häufiger wir beim Laufenlernen über die eigenen Beine oder im Weg liegende Steine gestolpert sind und je schmerzvoller diese unsere Stürze waren, umso stärker bemühen wir uns, besser auf unsere Beine und die Beschaffenheit des Weges zu achten. So lernen wir, unsere eigenen Laufbewegungen und auch die Wege, die wir gehen, immer besser zu kontrollieren. Was wir anfangs ganz spielerisch, frei und unbekümmert begonnen haben, lenken wir so – auch in unserem Gehirn – in immer festere, sichere und verlässlichere Bahnen. Damit können wir uns dann nicht nur immer schneller fortbewegen, sondern auch die Wege, auf denen wir unterwegs sind, immer besser ebnen und ausbauen. Wir machen auf diese Weise aus den anfänglichen Trampelpfaden in unseren Gehirnen – ganz so wie auch in unseren Landschaften – erst feste Wege, dann breite Straßen und schließlich glatt betonierte Autobahnen. Auf denen kommen wir dann immer schneller voran, aber zugleich kommen wir immer schlechter wieder von ihnen herunter.

So geht es uns nicht nur beim Versuch, uns fortzubewegen, so widerfährt es uns auch in allen anderen Bereichen unseres Handelns, auch unseres Denkens und Fühlens. Weil wir nicht von Anfang an wissen, wie etwas geht, müssen wir es ausprobieren. Und wenn wir dabei Fehler machen und in die Irre laufen, bekommen wir Angst. Dann hören wir auf weiterzuspielen und die Welt und unsere Möglichkeiten weiter auf diese Weise zu erkunden, sondern versuchen, uns selbst und die Welt besser zu kontrollieren.

Wir suchen dann nach mehr Sicherheit und Verlässlichkeit, wollen das Bedrohliche beherrschbar machen und unsere Ohnmacht in Macht umwandeln. Dann fangen wir an, strategisch zu denken, Pläne zu schmieden und unser Leben nach Maßgabe dessen zu gestalten, was unterm Strich am Ende für uns rauskommt. Auf diese Weise beginnen wir, uns die Welt als *Homo oeconomicus* einzurichten, auch wenn wir als *Homo ludens* auf die Welt gekommen sind. Auch wenn wir uns wie alle Kinder mit einer unbändigen Lust am spielerischen Entdecken der vielfältigen Möglichkeiten, die das Leben bietet, auf den Weg gemacht haben.

Verdrängt der *Homo oeconomicus* den *Homo ludens*, mündet dies in einer nach den eigenen Vorstellungen gestalteten und von den eigenen Vorstellungen beherrschten Welt, in der das absichts- und zwecklose Spielen, sogar das der eigenen Kinder, schließlich sogar als Zeitverschwendung betrachtet wird. Gesucht haben solche Menschen nach einem Weg zur Überwindung der Angst vor dem Unbeherrschbaren und Unvorhersehbaren im Leben. Gefunden haben sie Strategien, um das Leben zu beherrschen und planbar zu machen. Und diese Strategien weiten sie auch auf die Spielwelt aus. Der *Homo oeconomicus* kann gar nicht anders. Er muss die Spielwelt kolonialisieren, weil er verlernt hat zu spielen. Er will und muss die Spiele in ein Geschäft verwandeln. Er kann sie nicht als Spiel bestehen lassen. Er ist der ausgemachte Gegner des Spielens.

Nun müssen wir uns noch die soziokulturelle Seite der Entstehung der Geisteshaltung des *Homo oeconomicus* etwas genauer anschauen, wollen wir ihn an der Wurzel packen und unsere Inseln spielerischer Lebendigkeit von ihm befreien. Ihm mit rechtlichen Regelungen, Vorschriften und Verboten zu Leibe zu rücken, hieße nichts anderes, als nur die Stängel und das Blattwerk dieses wuchernden Krautes zu beschneiden – eine Sisyphusarbeit ohne Aussicht auf Erfolg. Aber vielleicht gelingt es uns in Zukunft, der im Boden versteckten Wurzel des Unkrautes die Nährstoffe zu entziehen, die sie braucht, um immer wieder neue Stängel und Blätter auszutreiben.

Diese Nahrung aber, und so ist es leider, liefern wir dem *Homo oeconomicus* selbst. Wir alle sind es, die ihn so gut und so zuverlässig füttern, dass er unsere Inseln spielerischer Lebendigkeit immer effektiver mit seinen von Gewinnstreben getriebenen und als Spiel bezeichneten Auswüchsen überwuchern kann. Das ist eine steile Vorlage, die nach einer Erklärung verlangt. Versuchen wir es doch einfach einmal mit zwei Fragen.

Erstens: Was sind es für Leute, die ständig neue Spielprodukte erfinden oder alte mehr oder weniger geschickt instrumentalisieren, um damit möglichst viel Geld zu verdienen? Und zweitens: Was bringt Menschen dazu, sich solche Spiele zu kaufen und damit ihre Zeit zu verbringen?

Mit der dazu erforderlichen inneren Einstellung sind weder die einen noch die anderen bereits zur Welt gekommen. Die haben sie beim Hineinwachsen in unsere Welt erst erworben. Aber wie und wodurch?

Eine innere Einstellung, also das, was wir im Deutschen auch als »Geisteshaltung«, als »feste Überzeugung« oder als »inneres Leitbild« bezeichnen und im Englischen als »mindset«, ist so etwas wie ein übergeordnetes Muster, welches das Denken, Fühlen und Handeln einer Person bestimmt. Von der jeweiligen inneren Einstellung hängt es ab, was uns wichtig erscheint, wie wir etwas bewerten, worum wir uns kümmern und welche Ziele wir im Leben verfolgen. Die dafür verantwortlichen neuronalen Netzwerke und Verschaltungen werden im Frontalhirn herausgebildet und dort fest verankert. Sie sind nicht angeboren, sondern werden im Laufe des Lebens durch tief greifende und wiederholt gemachte Erfahrungen erworben.

Da wir Menschen unsere wichtigsten Erfahrungen in der Beziehung zu anderen, für uns bedeutsamen Personen machen, sind es in erster Linie diese entweder günstigen oder ungünstigen Beziehungserfahrungen, die zur Herausbildung und Stabilisierung entsprechender Verschaltungsmuster im Frontalhirn führen und unser künftiges Verhalten, unser Denken, Fühlen und Handeln bestimmen.

Die wichtigste dieser Beziehungserfahrungen machen wir bereits sehr früh, oft schon während unserer Kindheit: Es ist die Erfahrung, so wie man ist, von anderen angenommen, gesehen und wertgeschätzt zu sein – oder eben nicht. Wir hatten es bereits erwähnt: Es geht darum, sich geliebt zu wissen, sich als Subjekt zu erleben und nicht als Objekt von Interessen und Absichten, von Erwartungen und Bewertungen, von Maßnahmen und Anordnungen behandelt zu werden. Daraus erwachsen zwei völlig verschiedene innere Einstellungen und Grundhaltungen sich selbst und anderen Menschen gegenüber. Oft schon in der jeweiligen Herkunftsfamilie, spätestens aber im Kindergarten, in der Schule und während der Berufsausbildung hat fast jeder heute Erwachsene erleben müssen, von anderen Personen auf die eine oder andere Weise zum Objekt gemacht, als Objekt behandelt worden zu sein. Und alle mussten für diese schmerzvolle Erfahrung eine Lösung finden. Manche haben gelernt, den Spieß einfach umzudrehen, und eine innere Einstellung entwickelt, die sie dazu bringt, andere Personen möglichst geschickt selbst als Objekte zur Durchsetzung ihrer eigenen Interessen und Absichten zu benutzen und sich nicht weiter darum zu kümmern, wie es denen dabei geht. Mit dieser Haltung kommt man nicht erst heutzutage recht gut voran, manche als clevere Politiker, manche als erfolgreiche Meinungsmacher in den Medien, manche als skrupellose Unternehmer und manche eben auch als Spielemacher und -vermarkter.

All diese Personen zeichnen sich dadurch aus, dass sie sehr darum bemüht sind, möglichst viel Anerkennung und Bedeutung, Einfluss und Macht zu gewinnen oder wenigstens einigermaßen viel Geld zu verdienen. Der Grund dafür ist, dass sie ein vergleichbares Maß an Bedeutung nicht in sich selbst, durch ihr bloßes Dasein, erleben. Solche Menschen sind also eigentlich Bedürftige, die im Außen nach Bedeutsamkeit für ihr eigenes Dasein suchen. Nicht selten sind sie deshalb auch diejenigen, die behaupten, sie würden »nur spielen«, doch dabei sogar betrügen, um zu gewinnen. Was sie beherrschen, sind Machtspiele, aber mit echten Spielen hat das, was sie machen, nichts zu tun.

In jeder Gesellschaft ist die Anzahl einflussreicher Personen, materieller Besitztümer und herausragender Stellungen begrenzt. Deshalb sind es immer nur sehr wenige, die es dorthin schaffen und ihr Bedürfnis nach Bedeutsamkeit auf diese Weise stillen können. Alle anderen bleiben unterwegs als Verlierer auf der Strecke. Manche sind frustriert und unzufrieden. Manche resignieren und verlieren ihre Lust am Lernen. Manche steigen aus und ziehen sich zurück. Manche betrachten sich als Opfer der Verhältnisse oder hadern mit dem, was sie ihr Schicksal nennen. Glücklich sind sie alle nicht, sie fühlen sich nicht gesehen, nicht wertgeschätzt, nicht anerkannt, erleben sich nicht mehr als lustvolle Entdecker und Gestalter ihres eigenen Lebens, fühlen sich nicht mehr als Subjekte, sondern als Objekte, die ständig bewertet, belehrt, gemaßregelt, manchmal belohnt, manchmal bestraft oder auf andere Weise von den Reichen, Mächtigen und Erfolgreichen für deren Zwecke benutzt werden. Weil sie in der Welt nicht das finden, was sie suchen, nehmen sie bereitwillig alles, was ihnen mit dem Versprechen, dass es sie glücklich mache, angeboten wird.

»Ersatzbefriedigungen« nennen das nicht nur die Psychologen, und wie gut sich das Bedürfnis nach etwas mehr Kohärenz im Hirn und damit ein zumindest kurzzeitiges Glücksgefühl für den Verkauf von Produkten nutzen lässt, haben die Werbestrategen längst erkannt. Wer mit dem Gefühl herumläuft, selbst nichts Besonderes, Einzigartiges, Bedeutsames zu sein, möchte dann doch wenigstens etwas Besonderes haben. So lassen sich teure Autos verkaufen, Smartphones, Schuhe, Reisen und eben auch Spiele oder teure Eintrittskarten für als besonders interessant angepriesene Spiele. Und je zahlreicher diejenigen sind, die in ihrem Leben nicht das finden, was sie suchen, desto größer wird die Nachfrage, desto besser läuft das Geschäft.

So funktioniert der *Homo oeconomicus*: Er lebt nicht nur von denen, die das Spiel für ihre Zwecke instrumentalisieren und vermarkten, sondern ebenso von denen, die seine Spielangebote als willkommene Gelegenheit nutzen, um sich wenigstens gelegentlich eine kleine Freude zu gönnen und ihrem Leben so für eine gewisse Zeit einen Hauch von Lebendigkeit zu verleihen – indem also auch sie das Spiel mit einer bestimmten Absicht, eben für diesen Zweck, instrumentalisieren.

Die Verwechselung von Gewinn machen und gewinnen

Der *Homo oeconomicus* ist ein Spielverderber. Er zwingt den Spielen seine Logik auf: die Logik des Profits und des Wettbewerbs. Ihm geht es immer nur darum, Gewinn zu machen und diesen schnell und sicher einzustreichen. Bei allem, was er tut, fragt er: »What's in for me?« – »Was habe ich davon?«. Die Angst, zu kurz zu kommen, treibt ihn um und lässt ihn rastlos Schnäppchen jagen oder andere – mal bewusst, mal unbewusst – übervorteilen. Dabei muss er sich immer gegen andere behaupten, muss immer alles kontrollieren, damit ihm ja kein Fehler unterläuft. Verlieren ist dem *Homo oeconomicus* ein Gräuel. Perfide ist daran, dass er dem *Homo ludens* zum Verwechseln ähnlich sieht. Denn auch der Spieler will gewinnen und schafft sich ständig neue Wettbewerbe.

Und trotzdem ist der Unterschied immens: Wenn Freunde sich zum Kartenspielen treffen oder gemeinsam ein Gesellschaftsspiel spielen, dann geht es den Einzelnen nicht darum, am Ende als Sieger den größten Profit einzustreichen. Sie treffen sich, weil sie miteinander spielen wollen. Wer dabei nur an seinen eigenen Vorteil denkt, der ist ein Spielverderber. Hier kommt der Unterschied ans Licht: Der *Homo oeconomicus* sucht den *Gewinn*, der *Homo ludens* will *gewinnen*. Der *Homo oeconomicus* fragt nur, was er am Ende seines – falschen – Spiels in Händen hält, der *Homo ludens* möchte nur erfolgreich spielen, beim Spiel sein Bestes geben und Freude daran haben. Ihm geht es um das *Spiel an sich* – ihm geht es ums Spielen –, während dem *Homo oeconomicus* das Spiel an sich egal ist, da es ihm alleine um den »Output« geht. Entsprechend kann er nicht verlieren. Beim *Homo ludens* ist das anders. In seiner Welt ist es nicht schlimm, wenn man auch mal verliert. Und wer es noch nicht kann, der wird es mit der Zeit lernen. Den *Homo ludens* adelt, dass er auch verlieren kann.

Der *Homo oeconomicus* will niemals »einfach nur spielen«, das Spiel ist ihm bloß ein Mittel seiner Zwecke. Es ist ihm ziemlich egal, was für ein Spiel es ist, aus dem er seinen Nutzen zieht oder das er vergiftet, um es andere spielen zu lassen und so seinen Nutzen daraus zu ziehen: das Glücksspiel am Automaten, das Computerspiel, so manche TV-Show und schließlich auch den Sport.

Wenn der *Homo oeconomicus* seine gierigen Hände nach unseren Spielen ausstreckt, kennt er auch keine Mitspieler. Der Wettbewerb, dem er mit größter Inbrunst huldigt, ist ihm ein ernster Kampf, bei dem es gilt, den Gegner zu bezwingen. Er will ja den Gewinn und nicht das Spiel. Der *Homo ludens* tickt ganz anders: Er will das Spiel und braucht dafür den Gegner. Der Gegner ist sein Mitspieler, denn ohne ihn kann er nicht spielen. Deshalb bedeutet Wettbewerb dem *Homo ludens* etwas gänzlich anderes als dem *Homo oeconomicus*. Beide verwenden die gleichen Worte, meinen aber etwas Verschiedenes: eine heitere Spielform der eine, ein ernstes Business der andere.

Wie gesagt: *Homo oeconomicus* und *Homo ludens* sehen sich zum Verwechseln ähnlich. Darin liegt eine große Gefahr. Denn der *Homo oeconomicus* ist schlau und nutzt die Ähnlichkeit, um seinen Ungeist in die Welt des Spielens einzuzeichnen und sich das Spiel für seine Zwecke dienstbar zu machen. Wir sahen schon, welch großer Erfolg ihm dabei beschieden ist. Das liegt vor allem daran, dass er sich gerne als Spieler tarnt, um sich Einlass in die Welt des Spielens zu erschleichen und sie sich dann nutzbar zu machen.

Der Angriff des *Homo oeconomicus* gilt jedoch nicht nur dem Spiel, das ihm ob seiner Nutzlosigkeit und Selbstgenügsamkeit wesensfremd ist. Sein Angriff gilt vor allem der Lebendigkeit – auch wenn er sich dessen nicht bewusst ist. Denn wo er sein Reich errichtet, vernichtet er die Räume, in denen wir Menschen Mensch sein können. Mit jedem Stück vom Spielplatz, das er besetzt, schwindet der Raum für unsere Potenzialentfaltung. Mit jeder Ausweitung seines Imperiums wächst die Wüste. Wo zuvor blühende Spielräume und fruchtbare Spielfelder gediehen, hinterlässt er funktionale Toträume. Der *Homo oeconomicus* verdirbt nicht nur das Spiel. Mit ihm verdirbt er unser aller Leben.

Das schleichende Gift der Spielsucht

Den spielverderblichen Einfluss des *Homo oeconomicus* können wir beobachten, wenn wir unser Augenmerk auf jene Spiele lenken, die derzeit in den Innenstädten und an den Ausfallstraßen unserer Städte boomen: die Spiele, die in Spielkasinos stattfinden. Allein in Berlin ist nach Schätzungen des dortigen Landeskriminalamts die Zahl der Glücksspielautomaten zwischen 2006 und 2013 von 6500 auf 11 500 Geräte gestiegen.[59] Und bundesweit wuchs allein zwischen 2006 und 2008 die Anzahl der Spielautomaten um über zehn Prozent auf 225 000 Stück – mit steigender Tendenz. Die Wirtschaftsleistung, die hier Jahr für Jahr erbracht wird, ist beträchtlich. Das verrät der *Jahresreport 2014 der Glücksspielaufsichtsbehörden der Länder*: »Der deutsche Glücksspielmarkt hatte im Jahr 2014, gemessen an den Bruttospielerträgen, ein Volumen von insgesamt 11 381,8 Mio. Euro. Davon besaß der regulierte Markt einen Anteil von 9636,3 Mio. Euro bzw. 84,7 % und der nichtregulierte Markt (Schwarzmarkt) einen Anteil von 1745,5 Mio.

Euro bzw. 15,3 %. Im Vergleich zum Vorjahr kommt dies einer Steigerung von insgesamt 178,1 Mio. Euro (+1,6 %) gleich, wobei der regulierte Markt um 105,8 Mio. Euro (+1,1 %) und der nicht-regulierte um 72,3 Mio. Euro (+4,3 %) gewachsen ist.«[60]

Noch höher sind die Wachstumsraten im Bereich der Online-Glücksspiele. Im Frühjahr 2014 teilte die Forschungsstätte Glücksspiel der Universität Stuttgart-Hohenheim mit, die Zahl illegaler Anbieter von Glücksspielen im Internet sei seit 2012 rasant gestiegen. Und die Spieleinsätze lagen »allein bei Online-Kasinospielen im Jahr 2012 nach Schätzungen zwischen 5,9 und 8,9 Milliarden Euro, das war fast doppelt so viel wie noch 2006«[61].

Bei Spielhallen und Online-Spielkasinos liegt es auf der Hand: Wer sie betreibt, dem geht es nicht ums Spiel, sondern ums schnelle Geld. Und wer dabei sein Glück versucht, der tut dies auch nicht, um zu spielen, sondern letztlich, um Profit zu machen. Auf jeden Fall geht's ums Geschäft – um den erhofften schnellen Euro; der meist jedoch nicht kommt. Stattdessen straucheln viele Spieler, die nicht wirklich Spieler sind. Sie straucheln und – was schlimmer ist – sie infizieren sich mit einer verhängnisvollen Krankheit: der Spielsucht.

Besonders anfällig dafür sind junge Männer. Das hängt damit zusammen, dass sie stärker als Mädchen und Frauen im Außen nach Halt suchen und sich von Spielgewinnen Ansehen und Wertschätzung erhoffen.[62] So zeigt eine repräsentative Studie der Bundeszentrale für gesundheitliche Aufklärung aus dem Jahr 2014, dass »männliche Befragte in allen Altersgruppen deutlich häufiger eine Glücksspielteilnahme, eine höhere Anzahl der Glücksspiele, höhere Spielhäufigkeiten und höhere Geldeinsätze«[63] angeben als weibliche Befragte. Besonderer Beliebtheit erfreut sich demnach gerade bei jungen Männern das Spiel an Glücksspielautomaten. Hier wird von der Studie ein Zuwachs um knapp 18 Prozentpunkte von 5,8 auf 23,5 Prozent der Befragten verzeichnet. Auch die Spielsucht ist bei Männern deutlich weiter verbreitet als bei Frauen. So lag die ermittelte Quote des als »pathologisch« eingestuften Glücksspielverhaltens 2013 bei den befragten Männern bei 1,31 Prozent, bei den Frauen hingegen nur bei 0,31 Prozent. Beim sogenannten »problematischen Glücksspielverhalten« sieht es ähnlich aus: Die Quote der befragten Männer liegt bei 1,16 Prozent, bei den Frauen sind es 0,19 Prozent. Von allen befragten Personengruppen ist die Neigung zum pathologischen oder wenigstens problematischen Spielen bei den 18- bis 20-jährigen Männern mit 9,2 Prozent deutlich am höchsten, wobei diese am häufigsten dem Geldspielautomaten (28,6 Prozent) frönen, dicht gefolgt von Sportwetten und Internet-Glücksspielen. Bei Letzteren freilich ist die Dunkelziffer besonders hoch. Der Marktanteil nicht regulierter Glücksspiele im Internet liegt einem Bericht der Europäischen Kommission zufolge in Deutschland bei 30 Prozent – was die Behörde im Sommer 2015 dazu veranlasste, ein Verfahren zu eröffnen, weil der »Jugend- und Spielerschutz« in Deutschland nicht ausreichend gewährleistet sei.[64]

Erkennbar ist bei alledem: Die Spielsucht droht am ehesten dort, wo Spiele für andere Zwecke instrumentalisiert werden – und das heißt in unserer Welt meistens, wo sie kommerzialisiert und handfesten ökonomischen Interessen dienstbar gemacht werden. Im Spielkasino ist das klar: Da wird ein Spielarrangement konstruiert, um Gewinn zu erwirtschaften, wobei der Gewinn unterm Strich durchweg auf der Seite derer bleibt, die die Kasinos oder Automaten betreiben. Da die Hoffnung dessen ungeachtet bekanntlich aber zuletzt stirbt, glauben Automatenspieler allen Einsichten zum Trotz weiter an den großen Gewinn. Das führt dazu, dass viele – viel zu viele –

schleichend der Spielsucht verfallen. Das falsche Spiel, das vorgibt, Lebendigkeit und Freiheit zu schenken, wird dann zu Zwang und Kerker. Es kehrt sich ins vollkommene Gegenteil guter Spiele – genau in dem Maße, in dem es vom ökonomischen Denken infiziert ist.

Nicht anders ist es aber auch bei vielen Computerspielen, bei denen nicht um Geld gespielt wird. Natürlich müssen wir hier differenzieren. Die Welt der Computer- und Online-Spiele ist so groß und so unüberschaubar, dass sich jedes pauschale Urteil verbietet. Es gibt unzweifelhaft im digitalen Universum ganz wunderbare Spiele, die – sofern man nicht das Maß verliert – die Potenzialentfaltung eines Menschen fördern können: Spiele, bei denen man sich seine eigenen Welten bauen kann – damit wurde *Minecraft* erfolgreich – und in denen man große Spielräume nutzen kann wie zum Beispiel in *Proteus*. Es gibt jedoch auch eine große Zahl an schwarzen Schafen in der Online-Spielwelt. Und die erkennt man immer daran, dass sie so programmiert sind, dass sie die Spielenden erst an sich binden und dann schlimmstenfalls in Abhängigkeit stürzen. Es ist bekannt und gut dokumentiert, dass die Hersteller von Computerspielen ihre Programmierer dazu anhalten, »Spiele« so zu konstruieren, dass Menschen nicht mehr von ihnen wegkommen und immer tiefer in die digitale Spielwelt gezogen werden, um sie dann besser zu willfährigen Kunden umformatieren zu können. Julian Böhm, Miterfinder des erfolgreichen Computerspiels *Kings Tale* und späterer Aussteiger aus der Computerspielbranche, macht kein Geheimnis, worum es den Produzenten dieser »Spiele« wirklich geht: »Wir wollten vor allem Geld verdienen – und zwar mit dem Spiel. Die Systeme, die wir ins Spiel einbauten, damit es profitabel wurde, führten gleichzeitig dazu, die Abhängigkeit der Menschen zu steigern.«[65]

Und so werden bei der Konstruktion dieser Computerspiele

alle technischen Möglichkeiten ausgeschöpft, um die »Spieler« an das Spiel zu binden: Sie fesseln die Aufmerksamkeit und sind äußerst spannend. Sie bieten dem Spieler vielfältige Möglichkeiten, in den Spielverlauf einzugreifen, gaukeln ihm sogar vor, das Spiel beherrschen zu können. Sie ermöglichen ihm Erfolgserlebnisse, die durch den Aufstieg des Spielers ins nächsthöhere Level belohnt werden. Viele dieser Spiele können als Wettkämpfe gegeneinander gespielt werden, manche ermöglichen die Formierung von Teams, die gegen andere Teams antreten und diese oft auch direkt bekämpfen. Meist geht es um Sieg oder Niederlage und um das Erlangen von Macht über irgendwelche »bösen« Kräfte, die das Überleben der Menschheit bedrohen. Allein oder gemeinsam mit anderen bemühen sich die Spieler, diese Gegenkräfte zu besiegen und die Welt zu retten.

Wenn das Ganze dann als Online-Spiel umgesetzt wird, wird es für einzelne Mitspieler fast unmöglich, das Geschehen zu verlassen und sich abzumelden. Das wäre ein Verrat an den Zielen und würde die Bemühungen sämtlicher Mitspieler zunichtemachen. Deshalb fällt der Ausstieg so schwer, und deshalb gewinnt das Weiterspielen und Dabeibleiben für jeden einzelnen Spieler eine so enorme Bedeutung, dass daneben alles andere unwichtig wird. Sogar die Stillung körperlicher Grundbedürfnisse wie Essen, Trinken und Schlafen. In Korea sind deshalb bereits einige solcher »Spieler« vor ihren Monitoren verhungert und verdurstet.

Die Möglichkeiten, einen Spieler an das Spiel zu binden, haben sich durch die fortschreitende Verbesserung der Funktionen und Leistungen digitaler Medien enorm erweitert. Angesichts des Leids der von einer solchen Spielsucht Betroffenen und ihrer Angehörigen wird von verschiedenen Seiten, auch von Psychiatern, Suchttherapeuten und Medizinern, ein Verbot solcher Spiele gefordert. Eltern sollen die Nutzung digitaler

Medien durch ihre Kinder strenger kontrollieren und Schulen verstärkt Aufklärungsarbeit leisten, um die Medienkompetenz ihrer Schüler zu verbessern. All das ist angesichts der Brutalität und Unmenschlichkeit, die das Geschehen und die Bilderwelten vieler Computerspiele inzwischen beherrschen, eine längst überfällige Forderung. Ihre Umsetzung mag dazu führen, dass über diese Spiele künftig weniger grausame und destruktive Denk- und Handlungsmuster verbreitet werden.

Dass aber vor allem junge Menschen eine Spielsucht entwickeln, wird sich durch solche Restriktions- und Aufklärungsmaßnahmen kaum verhindern lassen. Lassen Sie uns etwas ausholen, um zu erkennen, warum. Wie beim Drogenmissbrauch sind es auch im Spielkasino oder vor dem heimischen Monitor nicht alle Personen, die eine Sucht entwickeln. Viele probieren das eine oder das andere irgendwann einmal aus, werden aber nicht davon abhängig. Es ist zwar eine ebenso einfache wie weitverbreitete Erklärung, die Instrumente, die bei der Herausbildung einer Sucht eingesetzt werden, für deren Herausbildung verantwortlich zu machen. Aber sie ist falsch und lenkt den Blick weg von den Ursachen, die tatsächlich dafür verantwortlich sind, dass Menschen von Drogen oder gar von Spielen abhängig werden können.

Abhängig werden nur diejenigen, für die das, was sie im Drogen- oder Spielrausch erleben, eine besondere Bedeutung besitzt, weil es ein Bedürfnis befriedigt, das sie draußen, im realen Leben, nicht stillen können. Was das sein könnte, lässt sich etwas leichter erahnen, wenn wir uns vor Augen führen, was für Menschen es sind, die besonders häufig süchtig, insbesondere computerspielsüchtig werden: Es sind mehr Jugendliche als Erwachsene, und sie sind häufiger männlich als weiblich. Was also könnte es sein, was vor allem einigen unserer heranwachsenden männlichen Jugendlichen in unserer gegenwärtigen Gesellschaft so sehr fehlt, dass sie es vor ihren Monitoren beim Computerspiel suchen und dort leider auch – zumindest ersatzweise – finden?

Die Antwort ist einfach, jedenfalls dann, wenn wir versuchen, uns in ihre Lage hineinzuversetzen: Sie wollen gesehen werden, Anerkennung finden, bedeutsam sein, etwas leisten, sich selbst und anderen beweisen, dass sie »was draufhaben«. Und sie wollen Teil einer Gemeinschaft, eines Teams sein, dazugehören und mit den anderen verbunden sein. Das alles finden sie – aus ihrer Perspektive – nicht in der Schule und oft auch nicht zu Hause, nur selten in ihrer Peergroup und in den meisten Fällen noch seltener bei ihrer Ausbildung oder gar später im Beruf.

Und wer im realen Leben nicht findet, wonach er sucht und was er braucht, der nimmt bereitwillig das, was ihm geboten wird und zumindest virtuell geeignet ist, diese Sehnsucht vorübergehend zu stillen. Und weil es nur vorübergehend funktioniert, braucht er davon immer mehr. Bis er davon so abhängig geworden ist, dass er sich schließlich sogar besser in den virtuellen Welten seiner Computerspiele zurechtfindet als in seiner realen Lebenswelt.

Der Plan der Spieleproduzenten geht deshalb oft mit teuflischer Zuverlässigkeit auf. Auch wenn es nicht gleich eine ausgewachsene Spielsucht sein muss: Eltern schulpflichtiger Kinder stehen heute vor erheblichen Problemen. Viele stellen fest, dass ihre Kinder an nichts anderes mehr denken können als an ihre digitalen Spiele, dass sie keine Freunde mehr haben und ihr Leben von *entgrenzten* »Spielen« dominieren lassen. Was von den Machern übrigens gewollt ist. Julian Böhm erklärt die Strategie und den Zuschnitt vieler Computerspiele wie folgt: »Ein weiterer Reiz ist die Möglichkeit, sich permanent zu beschäftigen. Wir schrieben in den Trailer den Satz

›Ein Spiel, das niemals schläft und niemals endet‹. Man ist immer online, kann sich zu jeder Tages- und Nachtzeit einklinken. Je mehr Zeit man investiert, umso besser wird man in dem Spiel. Das Ziel ist, so viel Zeit wie möglich mit dem Spiel zu verbringen.« So ist es schließlich das »Spiel«, das den Lebensrhythmus seiner Spieler vorgibt.

Wir werden später noch verstehen, warum es gerade diese totale Entgrenzung ist, die das Spiel verdirbt und aus dem, was vorderhand Freude bereitet, hintenherum ein Seelengift werden lässt. Fürs Erste reicht es festzuhalten: Dies ist die unheilvolle Frucht einer umfassenden Ökonomisierung. Sie konvertiert die Spiele zunächst zu Waren, zu Konsumartikeln, und führt so zu Abhängigkeiten bei den dafür empfänglichen Konsumenten – und all das im Dienste des Profits.

Hier wie dort: Es ist es ein böses, falsches Spiel – ein schlimmes Spiel, weil es das Spiel verdirbt und Menschen krank macht. Verdorben wird das Spiel durch die Instrumentalisierung für spielfremde Zwecke. Verdorben wird es, indem das echte und authentische Bedürfnis des Menschen zu spielen – sein »Spieltrieb«, wie Schiller es nannte –, zwar angesprochen, aber nur oberflächlich und durch billige Surrogate befriedigt wird. So entstehen Sucht und Abhängigkeit, und so wandelt sich das Spiel, das die Macht hat, unsere Lebendigkeitspotenziale zu entfalten, zu einer unsere Seele schädigenden Pathologie.

Wie Spiele missbraucht werden

Dass Spiele instrumentalisiert werden, ist nicht neu. Immer schon war die Versuchung groß, den Zauber des Spiels zu missbrauchen und anderen, spielfremden Interessen zu unterwerfen. Der ultimative Klassiker in dieser Hinsicht dürfte das weithin bekannte Gladiatorenspiel im alten Rom sein. Ursprünglich vermutlich kultischer Herkunft, mutierten die von professionellen Kämpfern auf Leben und Tod ausgetragenen Kampfspiele im römischen Kaiserreich zu einem politischen Instrument in den Händen der Cäsaren. Denn seit den Tagen des Augustus war die Durchführung blutiger Spiele ein kaiserliches Privileg, von dem nur an wenigen ausgewählten Tagen des Jahres Gebrauch gemacht wurde. Durch diese Vorschrift ebenso wie durch die hohe Faszination, die von den Waffengängen ausging, eigneten sich die Gladiatorenkämpfe im besonderen Maße dazu, sich der Gefügigkeit der unteren Schichten des Imperiums zu versichern.

»Brot und Spiele« – *panem et circenses* – wurde nach dem Zeugnis des römischen Satirikers Juvenal mithin zu einem bewährten Propaganda- und Bespaßungsprogramm, in dessen Folge die ursprüngliche Bedeutung des Gladiatorenkampfes als rituell-religiöse Totenfeier gänzlich von der Entertainmentqualität des blutigen Zweikampfes verdrängt wurde.[66] Von Kaiser Trajan ist ausdrücklich überliefert, dass er prunkvolle Spiele als PR-Instrument verwendete, da er überzeugt davon gewesen sei, »dass das römische Volk sich insbesondere mithilfe von Getreide und Schauspielen in Schach halten lasse«, wie der römische Gelehrte Fronto notierte.[67]

Wie sehr sich das blutige Spiel dieser Instrumentalisierung durch die kaiserliche Propaganda beugte, bezeugen bis heute eindrucksvoll die Ruinen des Kolosseums zu Rom, in dem seit dem Jahr 80 circa 50000 Menschen Platz fanden, nicht nur um den Gladiatorenspielen, sondern auch allen möglichen anderen blutigen Spektakeln beizuwohnen: von nachgestellten Seeschlachten über Tierhatzen bis zu Massenhinrichtungen.

Dass sich die Herrschenden und Einflussreichen des Spiels bedienen, um ihre Macht zu festigen, ist auch heute gang und gäbe. Nur ein Beispiel für viele: Im Oktober 2015 wurde im israelischen Be'er Scheva ein neuer Kindergarten eingeweiht; nicht irgendein Kindergarten, sondern der allererste Hightech-Kindergarten, wie die *Times of Israel* vermeldete.[68] In drei Klassen werden dort rund 100 5-Jährige mindestens 300 Stunden pro Schuljahr in Wissenschaft und Technik trainiert. Dafür steht ein besonderes Lego-Sortiment zu Diensten: nicht etwa fürs freie Spiel, sondern um Roboter daraus zu bauen. Wie viel man sich in Israel davon verspricht, lassen die Worte des eigens zur Eröffnung angereisten Erziehungsministers Naftali Bennett erahnen: »Wir werden in einigen Jahren die Früchte dieses Projekts ernten können. Und zweifellos wird es sich sehr positiv auf das Leben dieser Kinder auswirken – und Israel wird in hohem Maße davon profitieren.« Gesponsert wird der Kindergarten übrigens vom Rüstungsmulti Lockheed Martin. Man ahnt, welche Interessen hier am Werke sind. Von freiem Spiel kann da nun wahrlich keine Rede sein. Hier wird das Spiel vollständig instrumentalisiert, ja pervertiert. Denn es wird in eine konkrete Richtung gelenkt, die das freie Erproben eigener Potenziale von vornherein kanalisiert. Vielleicht züchtet man so gute Rüstungsingenieure, aber freie, kreative Menschen werden dabei kaum herauskommen.

Man könnte viele Beispiele ins Feld führen. Sie würden doch immer das Eine zeigen: Das Spiel für jeweilige, dem Zeitgeist entsprechende Erziehungs- oder Bildungsziele zu gebrauchen, ist überaus verführerisch. Und niemand scheint davor gefeit, dieser Versuchung zu erliegen. Denn wenn wir ehrlich sind, müssen wir uns eingestehen, dass auch heute selbst die fortschrittlichsten Pädagogen nicht davon lassen können, das Spiel vor ihren Karren zu spannen. Wird es in unseren Kindergärten und Schulen zwar auch nicht mehr wie im 19. Jahrhundert als Einstimmung für »heldenhafte Krieger« und »gefügige Hausfrauen« zum Einsatz gebracht, so muss das Spiel gleichwohl dafür herhalten, die heute in Geltung stehenden unkriegerischen Ideale der Pädagogik einzuüben: Gewaltfreiheit, Toleranz, Gleichberechtigung, Inklusion und so weiter – sicher alles gut gemeint (und moralisch sicher begrüßenswerter als Kriegsspiele und dergleichen), aber letztlich nicht weniger eine Instrumentalisierung des Spiels als das, was hinter vollständig anderen Vorzeichen vor 100 oder 70 Jahren an unseren Schulen geschah.

Nicht nur gut gemeint, sondern gut wäre es, die Kinder einfach spielen zu lassen, ihnen den Freiraum zu geben, den sie zur Entfaltung der in ihnen angelegten Potenziale brauchen, anstatt ihre Spiele vorzuformatieren und für jeweils vorherrschende Erziehungsziele zu vereinnahmen.

Auch in der Schule lässt sich dieser Trend beobachten. Ein Beispiel nur für viele: Dass Grundschüler sich in der Kunst des Lesens üben und diese auch gelegentlich – ohne Wettkampf – vor Publikum darbieten, galt noch vor 30 Jahren als Ereignis, das zu besuchen lohnte. Inzwischen geht das Ganze nur noch im Gewande eines Wettbewerbs, bei dem die Jungs und Mädchen früh – und »spielerisch«, versteht sich – die Erfahrung machen dürfen, dass draußen auf dem Markt des Lebens nur die Leistung zählt; und dass der Nachbar immer eher als Rivale zu bekämpfen, denn als Freund zu schätzen ist. Mit dem Konkurrenzdenken aber schleicht sich heimlich, still und leise der Geist des *Homo oeconomicus* mit seinem Seelengift in unsere Schulen ein – vor allem aber in die Denk- und Fühlbahnen der Kinder, die Spiele möglicherweise bald schon nur noch im Format des Wettkampfs kennen werden, bei dem sie sich gegenüber »den anderen« behaupten müssen.

Solches geschieht freilich nicht nur in Schulen und in Kindergärten. Nicht minder geschieht es dort, wo sich Erwachsene dem Spiel zuwenden. Über das Fußballspiel und über Glücksspielautomaten haben wir bereits gesprochen. Das Gleiche lässt sich nun auch überall da beobachten, wo Spiele in Events konvertiert werden. Die meisterprobte Variante ist, Schauspiele oder Geschicklichkeitsspiele in Wettkampfspiele zu verwandeln – in alle möglichen Contests und in Slams. Hier zieht der Konkurrenzgeist, der im Reich der Wirtschaft wohlgelitten ist, auch ins Reich dieser Spiele ein und verzerrt die eigentlichen Spielideen. Denn wenn es bei einem Geschicklichkeitsspiel oder einem darstellenden Spiel nur noch darum geht, wer gegen den anderen gewinnt, dann gerät die eigentliche Logik dieser Spiele aus dem Blick: *dass sich* in ihnen *etwas zeigt* – und nicht, *wer* etwas *am besten zeigt.*

Wir werden noch genauer anschauen, warum auf diese Weise Spiele zuletzt verdorben werden. Fürs Erste gilt es festzuhalten, dass der Triumph des *Homo oeconomicus* derzeit darin gipfelt, dass Spiele in der Schule, im TV und überhaupt in der Gesellschaft nur dann noch eine Chance auf Anerkennung haben, wenn sie als Wettkampfspiele inszeniert werden. Menschen, die einfach nur gemeinsam spielen, findet man bei uns immer seltener.

Die Entzauberung des Zuschauers

Was ursprünglich Theater war, vermag kein Zeitgenosse mehr zu ahnen. Vielleicht nur noch, wenn Kinder einem Schauspiel folgen. Kinder schauen nämlich nicht einfach nur zu. Das wäre ihnen zu wenig. Sie lassen sich nicht unterhalten, sondern sie spielen mit – wie einst bei einer Aufführung von *Hänsel und Gretel*, bei der ein Knirps in der ersten Reihe brüllte: »Hau ab, du Scheißhexe!« Und ganz genau so muss das sein.

Das vorgeführte Spiel lädt ein zu einem Zuschauen, das eigentlich nichts anderes ist als Mitspielen. Der Sog des Spielens ist zumeist so stark, dass er auch über die Grenzen eines Spielfeldes hinausreicht. Ein Fußballspiel findet nicht allein auf dem grünen Rasen statt: Die Fans auf der Tribüne fiebern mit. Nicht anders bei Zirkusspielen, wo der Zuschauer zusammenzuckt, wenn der Akrobat am Hochseil turnt. Auch bei anderen Spielen lässt sich diese Dynamik beobachten: So versammeln sich in den Parks von Buenos Aires große Menschenmengen um die Tische der Schachspieler. Nicht anders in Seoul, nur dass die Männer dort dem Go-Spiel beizuwohnen pflegen. Sie alle stehen da und spielen mit. Sie alle lassen sich als Zuschauer beschreiben, die mehr sind als nur Zuschauer: Mitspieler eben, die auch da ins Spielgeschehen eingebunden sind, wo sie – wie bei Schach und Go – nicht die Farben ihrer Helden tragen. Die Hand zuckt mit, wenn ein Zug getan wird. Und der Schweiß steht ihnen nicht weniger auf der Stirn als den eigentlichen Akteuren.

Die Spielwelt bleibt nicht ins Spielfeld eingeschlossen. Sie reicht so weit wie die Gravitationskraft des Spielgeschehens, das so attraktiv ist, dass nichts und niemand sich seinem Sog entziehen kann. Es sei denn ... man hat verlernt, ein Zuschauer zu sein. Es sei denn, man konsumiert das Spielgeschehen, statt am Spielgeschehen teilzunehmen. Wo das der Fall ist, regt sich kein Protest im Publikum, sobald die Hexe auf die Bühne tritt. Wo das der Fall ist, geht kein Raunen durch die Reihen, wenn der Held bedroht ist. Dann geht es auf den Rängen nüchtern zu. Und das ist in den Schauspielstätten unserer Städte meist der Fall. Man findet dort ein eher abgeklärtes Publikum, das es sich abgewöhnt hat, leidenschaftlich mitzuspielen. Von Ausschreitungen und Tumulten in einem Schauspielhaus hat man seit Schillers Uraufführung seiner *Räuber* jedenfalls nicht wirklich viel vernommen – was auch nicht verwundern muss, fällt doch in Schillers Zeit die Entdeckung dessen, was die Philosophen die »ästhetische Anschauung« nennen, die mit einem Wort aus Immanuel Kants *Kritik der Urteilskraft* durch ihr »interesseloses Wohlgefallen« ausgezeichnet ist.

Als archetypische Metapher für diese Haltung des modernen Publikums hat Hans Blumenberg das Motiv des »Schiffbruch[s] mit Zuschauer«[69] herausgearbeitet, dessen letzte große Inszenierung wohl der Film *Titanic* von James Cameron war. Schiffbruch mit Zuschauer, das bedeutet: Der Beobachter sitzt im Trockenen, ist selbst nicht gefährdet. Er kann in dieser Position die ästhetische Haltung des interesselosen Wohlgefallens einnehmen und sich dem gefahrlosen Genuss überlassen. Er kann das Geschehen konsumieren, ohne dass es ihn wirklich und nachhaltig etwas angeht.

Diese Haltung des Zuschauers, der bei einem Schauspiel nicht mehr mitspielt, sondern konsumiert, ist heute, über 200 Jahre nach Kant, zum Standard geworden. Jeder Kinobesucher, jeder Fernsehzuschauer, jeder Medienkonsument hat sie erlernt und internalisiert. Nur so kann er alle möglichen Gewalt- und Horrorinszenierungen mehr oder weniger unbeteiligt genießen, denn er weiß sich von dem Geschehen auf Leinwand, Bühne oder Monitor emotional abzukoppeln. Der Körper schüttet wohl noch die gewünschte Adrenalindosis aus – aber was da vor den eigenen Augen geschieht, geht ihn *als* Konsumenten nichts mehr an. Er ist aus dem Spiel. So sehr, dass er sogar ein Bierchen schlürfen oder sich Popcorn in den Magen stopfen kann. Er lässt sich unterhalten. Das Spiel hört auf, ein Spiel zu sein, und wird zum Entertainment.

So kommt es, dass von dramatischen Initiationserlebnissen beim Hören einer Symphonie oder einer Oper, wie sie im

19. Jahrhundert noch geläufig waren, aus zeitgenössischen Musical-Halls kaum mehr berichtet wird. Im Licht*spiel*haus steigt zwar der Blutdruck, wenn James Bond die Bösen jagt oder Luke Skywalker das Laserschwert zückt – doch wirklich mitspielen oder mitgehen, wie einst im antiken Theater, ist nicht mehr angesagt. Wie sollte es auch anders sein, denn wer sich wirklich darauf einlässt, was über unsere Leinwände und Monitore flimmert, riskiert Verwundungen an Leib und Seele. Die zarteren Gemüter unter den Kinogängern wissen das – zumindest, wenn man, wie einer der Autoren dieses Buches, infolge der *Herr-der-Ringe*-Trilogie als Nebenwirkung wochenlang an Schlafstörungen litt.

Wo Schauspiele jedweder Art ästhetisch – also im Sinne Kants »interesselos« – wahrgenommen werden, hört der Zuschauer auf, ein Mitspieler zu sein, und wird zum Konsumenten. Egal, ob dieser einem Krimi oder einer Romanze beiwohnt, er bewahrt eine gewisse kühle Gleichgültigkeit, die ihn davor bewahrt, sich aufs Spielgeschehen einzulassen. Im Fußballstadion – wo es in den Fankurven (letzte Residuen archaischer Zuschauerkulturen) natürlich durchaus anders zugeht – erkennt man den Spielkonsumenten an seiner unaufgeregten Manier, mit der er gleichmütig dem Spielgeschehen folgt; und das womöglich gar hinter der Panoramascheibe einer sorgfältig sterilisierten VIP-Lounge. Wer solcherart dem Geschehen auf der Bühne oder auch auf dem Spielfeld folgt, ist nicht mehr in der Lage, einem Spiel beizuwohnen. Das Spiel verliert seine Wirkung auf ihn. Es zieht ihn nicht mehr in sich hinein und macht ihn nicht mehr zum Mitspieler. Dem Konsumenten ist das Spiel selbst gleichgültig. Er setzt sich nicht aufs Spiel, sondern vor den Monitor. Mit dem lebendigen Geist des Spielens aber hat das nichts zu tun. Der ist dann tot: Entweder man spielt oder man konsumiert. Beides zusammen geht nicht.

Konsumieren ist nun freilich eine der bevorzugten Beschäftigungen des *Homo oeconomicus*. Für ihn, der alles nur nach seinem Warenwert bemisst, wird jedes Spiel unweigerlich zu einem Konsumartikel, das lediglich insofern interessiert, als es sich mit Erfolg zu Markte tragen lässt. Das aber ist nur möglich, wenn es einen selbst nichts angeht. Ein ganz vom Geist des Wirtschaftens geprägter Zeitgenosse kennt keine andere Beziehung zu den Dingen, Menschen und auch Spielen dieser Welt als die des Händlers oder Konsumenten. Wenn Spiele nur noch Entertainment und Event sind, wenn niemand mehr einem Spiel *als* einem Spiel beiwohnen kann, dann wird es nicht mehr lange dauern, bis wir nicht nur das Zuschauen, sondern auch das Spielen selbst verlernt haben. Konsum ist jedem Spiel ein Gift.

Bedauerlicherweise aber werden wir alle immer mehr zu Konsumenten. Das hat viel damit zu tun, dass wir die Dinge dieser Welt immer mehr vermittelt durch die Medien wahrnehmen. Zehn Stunden täglich konsumiert der Durchschnittsdeutsche seine Medien – zehn Stunden! Am meisten nutzt er seinen Fernseher (205 Minuten am Tag), gefolgt von Radio (149 Minuten) und Internet (107 Minuten), wobei letztere Zahl einen Anstieg der Online-Nutzung seit 2002 um satte 350 Prozent bedeutet, verrät eine Navigator-Mediennutzungsstudie von SevenOne Media, der Vermarktungsagentur von ProSieben und Sat.1 aus dem Jahr 2012. »Unter dem Strich investierten wir 2012 damit rund 16 Prozent mehr Zeit in unseren Medienkonsum als vor zehn Jahren«, kommentiert *Der Spiegel* diese Zahlen.[70] Der Zuwachs liegt vor allem am Siegeszug von Smartphone und Tablet. Laut ARD/ZDF-Onlinestudie lag die durchschnittliche Dauer der täglichen Internetnutzung im Jahr 2015 schon bei 158 Minuten, wenn die Konsumenten über mobile Endgeräte verfügten. Die Tendenz steigt.[71]

So sehr sich Medienanbieter darüber freuen mögen – der Zauber der Spielstätten und Spielorte verblasst: Ein Fußballspiel daheim am Fernseher ist eben nicht ein Fußballspiel im Stadion. Die Opernübertragung live aus einem Opernhaus ist weit davon entfernt, das Spielgeschehen in der Oper zu ersetzen. Wir sitzen heute meistens vor dem Monitor und lassen uns von ihm mit Spielen aller Art berieseln: ob nun als Zuschauer der Schau- und Wettkampfspiele, die im TV übertragen werden, oder als Mitspieler in einem digitalen Spiel. Allein das Setting »Mensch vor Monitor« ist dem Geist des Spiels zuwider. Es unterstützt die Abkoppelung vom realen Geschehen. In einem Ego-Shooter lässt sich weitaus leichter töten als draußen auf der Straße. Emotionale Einbindung und Mitspielen werden leicht ausgeschaltet, wenn der Blick auf die Maschine fokussiert ist.

Der Fluch der Monokulturen

Wir sprachen schon davon, dass am ehesten noch Gewinnspiele – Spiele, die gespielt werden, um Gewinn zu erzielen – dazu angetan sind, im heutigen Dominium des *Homo oeconomicus* eine Bleibe zu finden: Wo Konkurrenz und Wettbewerb das Spielgeschehen prägen, da ist der *Homo oeconomicus* in seinem Element; da lässt er Spiele gerne gelten, sind sie doch wunderbar dazu geeignet, die Hirne ihrer Spieler und auch ihrer Zuschauer so zu formatieren, dass sie seinen Interessen dienlich sind. Die Leute werden auf Gewinn geeicht – auf Wettbewerb und auf Vergleich, auf: »Ich bin besser, toller, schöner.« Diese Denkweise passt in eine vom wirtschaftlichen Denken dominierte Welt, denn sie treibt den Konsum an: immer mehr und immer weiter und immer wieder. Bloß nicht beim Bewährten bleiben, bloß sich nicht dem selbstgenügsamen und echten Spielen hingeben; unbedingt verhindern, dass Kinder tage- oder wochenlang das gleiche, unschuldige Spiel mit ein paar wenigen Spielzeugen spielen.

Die tiefe Erfüllung, die im Spielgeschehen selber liegt, ist dem *Homo oeconomicus* ein Dorn im Auge: Wer selbstvergessen spielt, ist wunschlos glücklich. Wer wunschlos glücklich ist, hört auf zu konsumieren. Wer nicht mehr konsumiert, der ist dem *Homo oeconomicus* suspekt.

Der *Homo oeconomicus* mag folglich keine Spieler, die sich in ihrem Spiel vergessen. Er braucht auch keine Zuschauer, die wirklich mit dem Spielgeschehen mitgehen. Deshalb versucht er, Spieler ebenso wie Zuschauer zu Konsumenten zu machen, die nur noch spielen, um zu gewinnen, um sodann wieder zu spielen, um zu gewinnen, die sodann wieder spielen, um zu gewinnen ... Und die dann ein neues Spiel brauchen, das sie unterhält, und dann wieder ein neues Spiel, immer weiter, immer mehr.

Wo nur gespielt wird, um am Ende den Gewinn davonzutragen, ist das Spiel bald ausgespielt. Wo einem Spiel nur beigewohnt wird, um sich zu unterhalten, ist es ebenso um es geschehen. Dies sind die beiden Weisen, wie das Spiel unter der Herrschaft des wirtschaftlichen Denkens seiner selbst entfremdet wird. Und dieser Entfremdungsprozess beschleunigt sich immer mehr. Denn je mehr die Menschen in den Sog der Wettspiele und Kampfspiele gezogen werden, je mehr sie nur noch das als Spiel anerkennen, was Gewinner und Verlierer zeitigt, desto schneller geraten andere Spielformen wie Geschicklichkeitsspiele oder Schauspiele aus dem Blick. Von kultischen Spielen brauchen wir gar nicht erst zu reden.

Stattdessen entstehen Spielmonokulturen, die am Ende bestenfalls noch einseitige Kompetenzen und Fertigkeiten ausbilden; zum Beispiel strategisches Denken oder kognitives Wissen wie bei Quizspielen – Fertigkeiten, die sich gut in die *Homo-oeconomicus*-Welt fügen, wegen ihrer Einseitigkeit jedoch der menschlichen Potenzialentfaltung im Wege stehen.

Denn Potenzialentfaltung ist das Gegenteil der Fachidiotenzucht. Wird immer nur die gleiche Spiellogik bedient, erhält man Virtuosen dieses einen Spiels, die durch die regelmäßige und intensive Spielpraxis nun aber gerade nicht den Weg für kreative Durchbrüche bereiten, sondern die dabei so intensiv genutzten Vernetzungen in ihren Hirnen in »Autobahnen« verwandeln: Wer immer nur Schach spielt, kann irgendwann nur noch in Schachspielermanier Probleme lösen. Und wer immer nur Monopoly spielt, wird irgendwann das Gehirn eines waschechten Manchesterkapitalisten haben; aber weder der eine noch der andere werden es zu einem inneren Wachstum bringen, in dessen Folge sich neue Erfahrungsräume öffnen und das Gehirn unvorhersehbare Perspektiven generiert.

All denjenigen, die Spiele vor ihren Karren spannen und deshalb bestimmte Kompetenzen und Fertigkeiten trainieren wollen, ist dieser Einschleifungsmechanismus willkommen. Wer ihn zu nutzen weiß, wird sich darin erfolgreich zeigen, das Spiel nach seinem Gusto zu gebrauchen – oder auch zu missbrauchen. Aber er wird dabei das echte, kreative, lebendige Spiel verderben. Er wird Monokulturen pflanzen, wo eigentlich der Artenreichtum vielfältiger Spiele gepflegt werden sollte. Auf diese Weise wird das Spiel kaputtgemacht.

Der Spieltag ist ein Feiertag, und jedes Spiel ist wie ein Fest, bei dem das Leben in uns blüht. Doch diese Blüte wird verdorren, wenn erst der *Homo oeconomicus* das letzte Spielfeld zu seinem Geschäftsfeld umdeklariert und den letzten Feiertag in einen Werktag konvertiert hat. Dann ist die Wüste überall. Dazu darf es nicht kommen.

Und dazu muss es nicht kommen. Denn noch immer und überall kommen unsere Kinder als Suchende zur Welt. Vielleicht gelingt es uns in Zukunft besser als bisher, sie bei dieser Suche nicht länger dorthin zu lenken, wo wir glauben, bereits die richtigen Lösungen gefunden zu haben. Nur müssten wir uns dazu eingestehen, wie sehr auch unsere Spiele bereits vom wirtschaftlichen Denken beherrscht werden, und nach Wegen Ausschau halten, ihr ursprüngliches Wesen wiederzuentdecken.

Deshalb sagen wir: Es ist an der Zeit, den *Homo ludens* neu zu entdecken und zu verteidigen. Mehr noch: Es ist an der Zeit, den *Homo ludens* gegen den *Homo oeconomicus* in Stellung zu bringen – ihn stark zu machen und zu nähren. Das scheint uns notwendig, weil wir uns vom *Homo ludens* das subversive Potenzial versprechen, das es braucht, die Alleinherrschaft des *Homo oeconomicus* zu brechen, ihm einen kraftvollen Gegenspieler beizugesellen, um inmitten der von ihm geschaffenen Wüsten neue Oasen der Lebendigkeit zu pflanzen.

INSELN DER LEBENDIGKEIT

ZUR PHÄNOMENOLOGIE DES SPIELENS

Rettet das Spiel – das heißt mindestens zweierlei. Zum einen müssen wir unsere Spiele, Spielräume und Spielzeiten davor schützen, benutzt und schlimmstenfalls missbraucht zu werden. Zum anderen sind wir gut beraten, darauf zu achten, dass sie nicht schleichend vergiftet werden. Diese Gefahr droht gegenwärtig vor allem da, wo sich ökonomische Faktoren ins Spiel mischen und dessen innere Logik und Dynamik ihrem Diktat unterwerfen. Solcherart wird das Spiel verdorben – ja schlimmer noch: Es wird zerstört. Vor allem davor ist das Spiel zu retten.

Wie aber soll das gehen? Hier hilft ein klarer Blick. Es ist von Nutzen, sich die Spiele, die wir spielen, genauer anzuschauen. Auf diese Weise können wir ein paar Grundzüge herausarbeiten, die dem echten Spielen wesentlich sind. Diese Signaturen des Spielens können uns dann als Kriterien dafür dienen, welche Voraussetzungen erfüllt sein müssen, damit ein Spiel wirklich ein Spiel ist – oder wo wir Einspruch erheben sollten, weil dem Spiel fremde oder gar feindliche Aspekte in die Spielwelt eingedrungen sind und dort ihr Unwesen treiben. Kurz gesagt: Wir wollen den Versuch wagen, so etwas wie das Wesen des Spiels zu ergründen, um zu vermeiden, dass es unter den Händen der Spielverderber verwest.

Im ersten Teil dieses Kapitels werden wir deshalb drei Grundsignaturen eines jeden echten Spiels herausarbeiten und anschließend fünf archetypische Spielformen identifizieren. Im zweiten Teil werden wir uns anschauen, wie diese in unserer heutigen Lebenswelt als Inseln der Lebendigkeit zur Geltung gebracht werden können – aber auch, wo sie zu verderben drohen.

Wo das Spiel ursprünglich ist

Im Spielzimmer: Die drei Wesensmerkmale des Spielens

Fragen wir also: Was ist eigentlich ein Spiel? Was zeichnet Spielen gegenüber anderen menschlichen Tätigkeiten aus? Bislang haben wir so getan, als wüssten wir, was das Spiel ist. Jetzt wollen wir ihm auf den Grund gehen. Dafür begeben wir uns an die Ursprünge – dorthin, wo das Spiel noch jung und frisch und unverstellt zutage tritt. Folgen Sie uns doch bitte für einen Augenblick in ein Spielzimmer!

Was sehen wir? Ein Mädchen spielt mit seiner Puppe. Es zieht sie an, es zieht sie aus. Es richtet ihr ein Bettchen her, es deckt sie zu, es spricht mit ihr. Der Schrank gerät zum Puppenhaus, der Stuhl zum Aussichtsturm, der Teppich auf dem Dielenboden zur Insel. Vor allem spricht das Mädchen mit der Puppe. Die Puppe ist ihm kein Gegenstand, sondern sein Du.[72] Sie ist »unendlich mehr als nur Instrument der Beschäftigung«, sagt Eugen Fink, »mehr als ein zufälliges Ding«[73]: ein Du. Und im Lichte dieses Du verwandelt sich das Spielzimmer in eine Puppenwelt. Alles darin ist beseelt und mit Leben erfüllt. Ein jedes Spielzeug wird zum Du. Das ist wohl das, was Rilke meinte, als er in der vierten der *Duineser Elegien* schrieb:

O Stunden der Kindheit,
da hinter den Figuren mehr als nur
Vergangnes war und vor uns nicht die Zukunft.
Wir wuchsen freilich und wir drängten manchmal,
bald groß zu werden, denen halb zulieb,
die andres nicht mehr hatten, als das Großsein.
Und waren doch, in unserem Alleingehn,
mit Dauerndem vergnügt und standen da
im Zwischenraume zwischen Welt und Spielzeug,
an einer Stelle, die seit Anbeginn
gegründet war für einen reinen Vorgang.[74]

Die Spielwelt unserer Spielerin ist so ein Begegnungsraum, ein Zwischenraum, ein Raum des Wachsens, ihr Spiel eine Konversation, bei der alles mit ihr und sie mit allem spielt – ganz gegenwärtig, ganz versunken.

Das ist bei näherer Betrachtung nicht viel anders als in ursprünglichen Kulturen. Wir sprachen schon vom *spell* – dem Zauberspiel, das in der Vorstellung unserer Vorfahren die Welt durchdrang und alles, was darin war, zum Mitspieler im großen Spiel des Lebens machte. In diesem ursprünglichen Weltverstehen geriet der Baum nicht anders als ein Mensch zum Du, der Fluss nicht anders als ein Tier, der Berg nicht anders als ein Gott. Der Mensch der Urzeit sah sich mitten in einer großen Spielwelt, in der ihm fortwährend die Dinge dieser Welt als Du begegneten. Erinnern wir uns auch an Hölderlin: »Da spielt ich sicher und gut mit den Blumen des Hains – und die Lüftchen des Himmels spielten mit mir.«[75] Alles Du: Mitspielen im großen Spiel des Lebens, mit und inmitten der Natur, die uns umgibt – im großen Spiel des Kosmos, von dem ein Heraklit genauso wie ein Nietzsche wusste. Spielen, so viel wird hier erkennbar, ist ein »Naturvorgang«.[76] Und die naturgemäße Ursprünglichkeit des spielenden Kindes zeigt sich gerade darin, dass es sich als Mitspieler im Kreise von Spielgefährten erlebt.

Doch zurück in unser Spielzimmer: Was geht hier vor? Ein Miteinanderspielen, bei dem das Spielzeug sich in ein lebendiges Du verwandelt; bei dem der Krabbelkäfer auf dem Boden ebenso Mitspieler ist wie die Papiertüte vom Bäcker. Alles spielt mit allem. Ursprüngliches Spiel ist immer Miteinanderspielen, ist immer Begegnung. »Alles wirkliche Leben ist Begegnung«, lehrte der Philosoph Martin Buber.[77] Und ebenso können wir sagen: Spielen ist wirkliches Leben; genau in dem Maße, in dem es Begegnungsräume öffnet. Wer wirklich spielen will, braucht Mitspieler. Und wenn er sie sich wie unser spielendes Mädchen selber schafft, indem das Spielzeug ihm zum Du wird. Oder, um es mit dem Philosophen Hans-Georg Gadamer zu sagen: »Damit Spiel sei, muss zwar nicht ein anderer wirklich mitspielen, aber es muss immer ein anderes da sein, mit dem der Spielende spielt und das dem Zug des Spielers von sich aus mit einem Gegenzug antwortet.«[78]

Wir werden noch sehen, dass es unterschiedliche Arten von Mitspielern gibt. Auch Gegenspieler oder Zuschauer können als Mitspieler im Spiel sein. Fürs Erste aber soll es uns genügen, dieses eine festzuhalten: *Spielen ist wesentlich Zusammenspielen, Miteinanderspielen.*[79]

Bleiben wir einen Augenblick bei unserer Spielerin. Sie spielt *mit* ihrer Puppe. Nun fragen wir uns, *wie* sie mit ihr spielt. Sie spielt so, wie sie lustig ist. Das heißt: Sie spielt aufs Geratewohl. Sie folgt dabei keinem Programm, sie hat dabei kein Ziel und keinen Plan. Das Spiel gebiert sich selbst im Augenblick. Es ist keinem Zweck unterworfen, es dient keinem Nutzen. Es ruht in sich und ist genau deswegen völlig frei. Selbstvergessen spielt das Mädchen, wie es ihm gerade einfällt. Und niemand weiß genau, was das als Nächstes sein wird. »Spiel«, schreibt Friedrich Georg Jünger in seiner Studie *Die Spiele,* »ist das Rätsel, weil es keinem Zwecke dient, der über die spielende Bewegung hinausgeht.«[80] Und Eugen Fink notiert: »Die Spielhandlung hat nur interne, keine sie überschreitenden Zwecke.«[81]

Damit sind wir bereits beim zweiten Wesensmerkmal eines jeden Spiels: *Das Spielen öffnet Freiräume.* Wer spielt, kann sich spielerisch ausprobieren. Wer spielt, dem stehen Tausende möglicher Spielzüge offen. Wer spielt, kann aus dem Meer der Möglichkeiten schöpfen. Und das ist deshalb möglich, weil ein Spieler ausschließlich der Logik seines Spielens folgt. Kein fremder Zweck mischt sich ins Spiel. Das garantiert ihm seine Freiheit.

So bestätigt die philosophische Reflexion die neurobiologischen Erkenntnisse, die wir im ersten Kapitel vorgestellt haben: Wer spielt, ist frei und dabei gleichzeitig aufs Innigste verbunden, verbunden mit dem Du, mit dem er spielt. Es liegt in seinem Wesen, diesen beiden großen Grundtendenzen unseres Lebens zu genügen – Grundtendenzen, die sich auch in der Struktur unseres Gehirns abbilden: Es ist uns Menschen wesentlich, mit anderen verbunden zu sein. Wir sehnen uns nach Zugehörigkeit und lieben die Geselligkeit. Ebenso aber wollen wir uns in der Welt zeigen, unsere Individualität zur Blüte treiben und entfalten. Deshalb ist die Freiheit so ein hoher Wert. Sich frei in dieser Welt zu zeigen, ist ein Wunsch, der tief in unser aller Seelen wohnt. Das Wunderbare, was das Spiel uns lehrt, ist nun: Es gibt das eine nie ohne das andere. Freiheit erfahren wir nur da, wo wir mit anderen verbunden sind. Und wirklich können wir uns nur verbinden, wo wir dies in Freiheit tun. Dieses Wo ist das Spiel. Es ist seinem Wesen nach Zusammenspiel – Zusammenspiel von Freiheit und Verbundenheit. Wo das gelingt, kommt noch ein drittes Element hinzu. Auch dieses müssen wir beachten, wenn wir die Grundsignaturen des Spiels ermitteln wollen.

Gehen wir dafür noch einmal zurück in unser Spielzimmer. Was haben wir gesehen? Das Mädchen spielt *mit* seiner Puppe. In seinem Spiel ist es ganz frei. Das Spielzimmer gewährt ihm großen Freiraum, den es in eine Begegnungswelt verwandelt. Nun fragen wir uns noch eines: *Was* spielt das Mädchen?

Wir sagten schon: Das Spiel des Mädchens folgt keinem spielfremden Plan; es dient keinem Nutzen, der außerhalb des Spiels liegt – und doch geschieht etwas in seinem Spiel, etwas Ungeplantes, darin aber umso Unwiderstehlicheres: *Es zeigt sich etwas*. Es kommt etwas ans Licht. Es tritt etwas zutage. Das Mädchen schlüpft in eine Rolle. In unserem Falle wird erkennbar, welche Möglichkeiten in ihm stecken: Es könnte eines Tages eine Mutter sein und so wie seine Mutter eine Tochter haben – und ob es als Mutter streng oder mild sein würde, wird das Spiel erweisen. Zum Teil ahmt unser Mädchen seine eigene Mutter nach, zum Teil nimmt es sein eigenes Muttersein vorweg. Sein Spiel ist Nachahmung und »Vorahmung« zugleich, wie Friedrich Georg Jünger sagt: »Das Kennzeichen der vorahmend-nachahmenden Spiele ist, dass sie in spielender Weise ein Verhalten, das kein Spiel ist, abbilden. Eine Bewegung, die nicht Spiel ist, wird zum Spiel.«[82] Das Spiel des Mädchens, sofern es vorahmend-nachahmend ist, folgt einer eigentümlichen Logik, die man als Logik des Als-ob bezeichnen kann.[83] Das Mädchen tut so, *als ob*. Und diese Logik des Als-ob ist es, die ihm die Freiheit gibt, etwas zu offenbaren, was außerhalb des Spielzimmers nicht sichtbar wäre. Auf diese Weise kann das Mädchen sich entdecken und die in ihm schlummernden Anlagen entfalten. Die Logik des Als-ob erlaubt dem Mädchen, *am Du* des Spielzeugs *zum Ich* zu werden – um noch einmal Martin Buber zu bemühen.[84]

Genauso zeigt sich, was die Puppe alles kann und ist. Wenn man nur hinzuschauen weiß, wird man erstaunt sein, was das einfache Spiel unseres Mädchens alles enthüllt. Und ebenso erstaunt wird man sein, wenn man an andere Spiele denkt. Denn alle Spiele zeigen etwas: zunächst sich selbst, sofern sie zweckfrei sind und nur sich selbst genügen. »Das Spiel ist [...] Selbstdarstellung«[85], sagt Hans-Georg Gadamer zu Recht, es *spielt sich ab.* Doch damit nicht genug, denn gerade weil ihr Spiel sich selbstgenügsam abspielt, kann die Spielende sich darin ganz ausspielen. Sie spielt sich *aus,* so wie man sich *aus*spricht. Sie gibt sich preis. Noch einmal Gadamer: »Die Selbstdarstellung des Spiels bewirkt so, dass der Spielende gleichsam zu seiner eigenen Selbstdarstellung gelangt, indem er etwas spielt, d. h. darstellt.«[86]

So können wir festhalten, dass letztlich jedes Spiel »immer auch durch das Moment der Darstellung charakterisiert«[87] ist, wie Eugen Fink bemerkt hat. Was und wie es sich im Spiel zeigt, kann höchst unterschiedlich sein – aber immer macht es den Zauber eines Spiels aus, dass etwas in ihm zum Vorschein kommt, was außerhalb der Spielwelt nie zum Vorschein käme, und was nur deshalb zum Vorschein kommt, weil es in jenem Zusammenspiel von Verbundenheit und Freiheit geboren wird, die wir als tragende Grundfunktionen des Spiels kennengelernt haben. Im Miteinanderspielen öffnet sich der Freiraum für die Potenzialentfaltung. Er währt so lange, wie dem Spielenden ein Du begegnet, das nichts von ihm will und auch nichts von ihm fordert – oder auf keine Nutzung festgelegt ist wie ein gutes Spielzeug.

Das erklärt im Übrigen auch, warum im Zuge des Heranwachsens unser Mädchen irgendwann seine Puppe zurücklässt und auch sein anderes Spielzeug aufgibt. Ein jedes Spielzeug hat seine Zeit. Welche Dramen haben sich nicht schon bei Kindergeburtstagen zugetragen, wenn der Filius das Playmobil-Set bekam, das er sich drei Monate zuvor sehnlichst wünschte, über das er aber derweil hinausgewachsen ist! Es kann einem als Elternteil das Herz brechen zu sehen, wie die vormals viel geliebten Puppen mit einem Mal entzaubert sind. Das geschieht genau dann, wenn sie ihr Potenzial verspielt haben, wenn sie »ausgespielt« sind, leer gespielt. Dann fällt ein Spielzeug aus dem Du zurück ins Es – dann wird es wirklich wieder Zeug, nachdem es vorher ein beseeltes Gegenüber war. Es ist ein bisschen wie ein Tod, wenn Stofftiere zu Gegenständen werden. Denn Gegenstände wohnen in der Wirklichkeit. Sie sind auf ihre Bedeutung und ihren Zweck festgelegt. Erst wenn der Zauberhauch der Spielwelt sie erneut beseelt, entfesselt er das in ihnen schlummernde Möglichkeitsreservoir. Das von Tschaikowsky so wunderbar vertonte Märchen vom Nussknacker weiß ein schönes Lied darauf zu singen.

Damit nun sind die drei zentralen Signaturen eines jeden Spiels ans Licht gebracht: Verbundenheit, Freiheit und Darstellung. Wenn diese drei Qualitäten ineinandergreifen, gelingt das Spiel. Wo sie zusammenspielen, öffnet sich der Raum der Potenzialentfaltung. Kommt aber auch nur eine von ihnen zu kurz, verliert das Spiel seinen Zauber und seine befreiende Kraft. Authentische und wirkliche Spiele bringen alle drei Aspekte gleichermaßen zur Geltung – wenn auch auf recht unterschiedliche Art und Weise. Denn der Mensch hat unterschiedliche Spiele erprobt, und Unterschiedliches zeigt sich in ihnen. So gibt es neben unseren drei Grundsignaturen des Spiels fünf Spielweisen oder Spielarten, nach denen sich die weite Welt der Spiele ordnen und vermessen lässt: Geschicklichkeitsspiele, Wettkampfspiele, Kultspiele, Schauspiele und Glücksspiele.

Im Spielzimmer unserer jungen Puppenmutter begegneten wir dem noch ungeschiedenen, ursprünglichen Spiel, in dem die genannten drei Grundsignaturen des Spiels ineinander verwoben sind. Nun lassen wir es hinter uns und folgen unserem Mädchen auf den Spielplatz. Dabei werden wir feststellen: Außerhalb des Spielzimmers werden die Spiele differenzierter, sodass die genannten Spielarten deutlicher zutage treten.

Auf dem Spielplatz: Der Ursprung des Geschicklichkeitsspiels

Wir schauen unserem Mädchen dabei zu, wie es mit seinem Ball spielt. Seit einer halben Stunde schon wirft es die Gummikugel an die Wand und gibt sich unermüdlich alle Mühe, sie wieder aufzufangen. Damit die Sache spannend bleibt, wirft es bald schon kräftiger als noch am Anfang. Es wirft nach rechts und links, um sich vor neue Aufgaben zu stellen. Das Spiel ist denkbar simpel, und man ahnt, dass es für das Mädchen schon bald an Reiz verlieren wird. In dieser Stunde aber ist es ganz erfüllt davon. Und um sein Glück vollkommen zu machen, kommt zuletzt der Vater als Zuschauer hinzu und spendet seinem Schatz Applaus.

Was geht hier vor? Ein Spiel, ganz ohne Frage. Jedoch ein Spiel, das anders ist als jenes, das wir im Spielzimmer beobachtet haben. Es ist – um es einmal akademisch zu sagen – ein ausdifferenziertes Spiel: ein Spiel, von dem man sagen könnte, es gehe darum, dass sich die Spielerin in ihren persönlichen motorischen Fähigkeiten ausprobieren kann; dass sie herausfindet, was geht und was möglich ist. Das Mädchen ist sich dessen freilich nicht bewusst. Fragte man es, warum es spielt, es würde uns entweder nicht verstehen oder uns wissen lassen, es spiele, weil es spielen wolle. Gleichwohl geschieht etwas bei seinem Spiel, das dem Beobachter ins Auge sticht: Das Mädchen zeigt, was es schon kann. Gewiss, für das Mädchen genügt sein Spiel sich selbst, und gerade deshalb – das ist die Pointe – gelingt es ihm, dass sich an ihm als Spielerin etwas zeigt. Nicht unsere Spielerin zeigt etwas, sondern *es* zeigt sich im Spiel. Im Spiel zeigt *es* sich, was in einem Spieler steckt und wovon er selbst wahrscheinlich gar nichts ahnt. Und je selbstvergessener er seinem Spiel hingegeben ist, desto größer ist auch die Wahrscheinlichkeit, dass in ihm tatsächlich etwas zum Vorschein kommt. Darin liegt einerseits die Spannung eines Spiels und andererseits sein Reiz für die Zuschauer und für die Mitspieler.

Und nicht nur das. Denn der Umstand, dass es zum Wesen des Spiels gehört, etwas zu zeigen, verweist uns neuerlich auf die erste genannte Grundsignatur des Spiels: dass Spielen Miteinanderspielen ist. Denn es liegt ja nachgerade in der Logik des Zeigens, dass es sich vor den Augen (oder Ohren) anderer zuträgt. Deshalb sind Mitspieler und/oder Zuschauer für Spiele unentbehrlich. Für Spiele auf der Bühne ist das evident. Doch nicht nur dort. Auch da, wo Kinder miteinander spielen, ohne dass ein Zuschauer dabei ist, geht es ihnen immer auch ums Zeigen: »Wollen wir doch mal sehen, was wir können«, ruft der Junge seinem Kameraden zu, mit dem er sich zum Frisbee-Spiel getroffen hat. Die beiden wollen einander zeigen, wie gut sie schon die Scheibe werfen können. Da braucht es keinen Zuschauer, da reicht es, dass der Mitspieler zum Zeugen des Zeigens wird. Bei den Wettkampfspielen, die wir sogleich ansehen werden, kann dies auch der Gegenspieler sein. Wichtig ist nur, dass da jemand ist, vor dessen Augen sich das Spiel abspielt.

»Ich zeig dir jetzt mal was«, ruft also unser Mädchen seinem Vater zu, bevor es seine Kunststücke zur Schau stellt. Und wenn es dann sich selbst und seinem Vater zeigt, was es schon alles kann, genügt sein Spiel dem von uns herausdestillierten Wesensmerkmal des Zeigens, der Darstellung.

Wie aber steht es um Freiheit und Verbundenheit? Das Mädchen ist zwar alleine, aber es spielt doch *mit* seinem Ball und *mit* der Wand. Und wenn Sie aufmerksam dem Spiel beiwohnen, hören Sie die Kleine unterdrückte Flüche ausstoßen wie »Du böser Ball!« oder »Gemeine Wand!«, wenn wieder mal ein Wurf missglückte. Sie hat ihr Du in ihrem Spielzeug, und später kommt als zweites Du der Vater mit hinzu, der in das Spielgeschehen einbezogen wird. Auch das einfache Geschicklichkeitsspiel der kleinen Ballspielerin ist ein Miteinanderspielen.

Und es ist frei, denn es ist unberechenbar. Zumindest für die Spielerin. Sie weiß bei keinem Wurf, ob ihr das Fangen auch gelingen wird. Sie hat die Freiheit, immer neue Würfe zu erproben und immer neue Fangmethoden zu entwickeln. Verbindlich ist ihr dabei nur die eine Spielregel, die lautet: »Fang den Ball, wenn er von der Wand zurückkommt!« Sie kann die Freiheit, die ihr diese Regel lässt, dadurch einschränken, dass sie etwa hinzufügt: »Bevor der Ball auf den Boden prallt.« Sie kann sich ein spielinternes Ziel setzen und versuchen, den Ball 30-mal in Folge zu fangen. Bei näherer Betrachtung weitet sie durch solche Ergänzungen der Regel ihren Spielraum aus: weil ihrem Sich-Ausprobieren nun eine Richtung gewiesen ist, die es ihr erlaubt, immer besser, schneller, sicherer zu werden – immer subtilere oder kühnere Fangversuche zu unternehmen, die immer mehr Respekt und Beifall ihres Publikums zur Folge haben werden.

Eine ähnliche Dynamik lässt sich auf jedem Spielplatz beobachten. Die Geräte, die man dort üblicherweise findet – von der Wippe über das Klettergerüst und die Schaukel bis zum Sandkasten –, sind allesamt sehr gut dafür geeignet, an ihnen spielerisch das eigene Potenzial zu erkunden. Sie überlassen es den Kindern, sich selbst die Regeln oder Aufgaben zu setzen, ohne irgendeinen Nutzen zu erbringen, der außerhalb des Spielplatzes läge; und dabei ist ihr Spiel alles andere als sinnlos.

So zeigen sich die drei Kernsignaturen des Spielens auch bei dem einfachen Geschicklichkeitsspiel eines Mädchens auf dem Spielplatz. Später wird es vielleicht Spaß daran finden, mit seinem Vater den Federball hin und her zu schlagen, Bälle zu jonglieren oder sich als Seiltänzerin zu versuchen. Vielleicht würde es zuletzt sogar beim Zirkus in der Manege landen, dem angestammten Spielort für Geschicklichkeitsspiele. Vielleicht wird es aber auch eher geistige Herausforderungen suchen und sein Können im Lösen von Rätseln beweisen wollen. Vielleicht wird es Stunden damit zubringen, dem Zauberwürfel beizukommen. Geschicklichkeitsspiele gibt es viele. Sie alle helfen uns dabei, motorische oder kognitive Potenziale zu entfalten und uns in unserem Können zu beweisen. Je mehr sie dabei Raum für die Begegnung geben, je mehr Optionen und Freiräume sie bieten, je ungewisser ihr Ausgang, desto eher wird es ihnen gelingen, etwas Bemerkenswertes, Erhellendes oder Erhebendes zu zeigen – und desto mehr Spaß machen sie allen Beteiligten, desto bereitwilliger werden sich Zuschauer finden, die diesen Spielen beiwohnen wollen.

Auf dem Spielfeld: Der Ursprung des Wettkampfspiels

Nun kommt es, wie es kommen muss: Das Ballspiel wird unserem Mädchen langweilig. Seine bewährten Mitspieler, die Wand und der Ball, werden immer berechenbarer, neue Spielzüge wollen ihr nicht mehr einfallen, und auch der Vater schaut immer seltener nach ihm. Wie gut, dass sie nun etwas älter ist und sich mit den Kindern aus der Schule zum Spielen treffen darf. So auch an diesem Sommernachmittag im Stadtpark. Ein Dutzend Kinder sind gekommen, um zu spielen. Sie einigen sich auf Völkerball. Nun achten Sie darauf, was jetzt geschieht.

Als Erstes stecken die Kinder das Spielfeld ab. Sie markieren die Grenzlinien, innerhalb derer das Spiel stattfinden soll. »Jedes Spiel«, bemerkt Huizinga, »bewegt sich innerhalb seines Spielraumes, seines Spielplatzes, der materiell oder nur ideell, absichtlich oder wie selbstverständlich im Voraus abgesteckt worden ist.«[88] Danach verständigen sie sich darüber, wie lange das Spiel dauern soll beziehungsweise bei welchem Spielstand es zu Ende ist. Dann versichern sie sich noch einmal der Spielregeln, legen die Mannschaften fest, und es geht los. Da wird gelacht und getobt, geweint und gebrüllt, gefeiert und getrauert. Es gibt Gewinner und Verlierer. Die Kinder spielen ein Wettkampfspiel – und es macht ihnen viel Spaß. Kein Wunder, denn was hier geschieht, ist ein wirkliches, ein wesentliches Spiel. Wenn wir das sagen, folgen wir darin Huizinga, der ohne Umschweife behauptet: »Die Frage, ob man das Recht hat, den Wettkampf als solchen in die Kategorie Spiel einzureihen, darf unumwunden bejaht werden.«[89]

Die Kinder spielen, um zu spielen. Sie müssen keinen Zweck erfüllen, der außerhalb des Spiels liegt. Sie spielen also nicht, um etwas Nützliches zu tun. Sie folgen keinem Vorsatz und folgen nicht der Logik des Um-zu. Das heißt: Sie spielen nicht, um Teamgeist auszuprägen; sie spielen auch nicht mit dem Vorsatz, einen Preis zu gewinnen; sie spielen nicht, um ihren Eltern zu gefallen. Sie spielen, um zu spielen – und wenn sie dabei ihren Teamgeist entdecken, am Ende einen Preis einstecken und ihren Eltern gefallen, dann sind das Nebeneffekte, die zwar außerhalb des Spielfeldes eine Rolle spielen mögen, nicht aber innerhalb des Spielfeldes und während der Spielzeit.

Wohl folgen sie der Logik des Gewinnens. Das eben macht ihr Spiel zum Wettkampfspiel. Die Regel, die im Dienste dieser Logik steht, gibt die Dynamik frei, dass unsere Kinder auf dem Spielfeld nicht nur miteinander spielen, sondern auch gegeneinander antreten. Und eben deshalb ist es absolut notwendig, dass Spielfeld, Spielzeit und Spielregeln klar definiert sind. Sie müssen klar definiert werden, weil es mit ihrer Hilfe gelingt, das Spielgeschehen zu einem in sich geschlossenen Vorgang zu machen. Auf diese Weise wird sichergestellt, dass das Spielgeschehen eben »nur ein Spiel« ist, dessen Verlauf und Ergebnis für den Rest des Lebens folgenlos bleiben – und dass all das, was außerhalb des Spiels geschieht, für das Spielgeschehen unerheblich ist: »Was außerhalb der Spielzeit geschieht, gehört nicht mehr ins Spiel und kann für das Spiel keine Folgen haben«[90], stellt Jünger fest. Und wer während des Spiels noch Gegenspieler war, ist hinterher wieder Freund. Wer während des Spiels gegen die Regeln verstieß und ihnen gemäß bestraft wurde, steht hinterher mit weißer Weste dar. Wer in der Turnhalle glänzte, ist im Klassenzimmer wieder einer unter anderen. Das heißt: Die Freiheit des Spiels verdankt sich allem voran dem Umstand, dass es nach außen eine räumliche und zeitliche Grenze hat und nach innen durch verbindliche Regeln geordnet ist, die das Gelingen des Spiels gewährleisten und es den Mitspielenden ermöglichen, sich auf bestmögliche Weise im Spiel zu erproben und zu zeigen.

Das können sie aber nur, weil sie miteinander spielen und einander als Mit- oder Gegenspieler verbindlich sind. Was also zeigt sich hier? Auch beim Wettspiel unserer Kinder sind die drei zentralen Spielfunktionen mit im Spiel: Die Kinder spielen miteinander; auch da, wo sie gegeneinander spielen. Die Gegenspieler genießen – zumindest im Grundsatz – die gleiche Wertschätzung wie die Mitspieler, denn ohne sie wäre es unmöglich, das geliebte Spiel zu spielen. Das Völkerballspiel als typisches Wettspiel ist ohne Miteinander gar nicht denkbar. Es ist in jedem Fall ein Begegnungsspiel.

Ebenso ist es ein freies Spiel, dessen Freiheit sich, wie wir gesehen haben, unterschiedlichen Faktoren verdankt: Es ist zweckfrei und dient keinem Nutzen außerhalb des Spielfeldes und der Spielzeit. Es erlaubt unzählig viele Spielzüge, die innerhalb von Spielfeld und Spielzeit nach Maßgabe der Regeln möglich sind. Gerade weil das Spiel vom Rest der Welt durch die Markierung des Spielfeldes und der Spielzeit getrennt ist, öffnet es einen Spielraum, in dem sich die Kinder zeigen dürfen: Lachend und weinend, jubelnd und trauernd, mutig und ängstlich – all das gehört zum Spiel dazu. Die Liste kann beliebig verlängert werden.

Das Völkerballspiel ist ein typisches Wettkampfspiel. Es folgt der Logik des Gewinnens. Dabei genügt es sich vollkommen selbst, und doch zieht es Zuschauer an. Es fällt nicht schwer, sich vorzustellen, dass die Eltern unserer Kinder in den Park kommen, um sie abzuholen, dann aber zögern, weil sie wahrnehmen, wie sehr die Kleinen von dem Spiel gepackt sind. Es ist spannend. Sie schauen zu, sie fiebern mit, sie machen sich zu Zuschauern, vor deren Augen nun gezeigt wird, wer die Spieler sind, die sich dort tummeln: wer verliert und wer gewinnt und wie die Kinder jeweils damit umgehen.

So wird das abgesteckte Spielfeld im Stadtpark zum ursprünglich-archaischen Vorläufer dessen, was heute Hunderttausende lockt: des Stadions oder der Arena. Stadien sind die größten Spielstätten der Gegenwart. In ihnen finden Spiele statt, die sich heute der größten Beliebtheit erfreuen: die Sportspiele. Olympia und Bundesliga, Boxen und Formel 1, Tennis und Ski alpin – Wettkampfspiele, wohin man schaut.

Der außerordentliche Reiz, der diesen Spielen innewohnt, rührt nicht zuletzt daher, dass in ihnen nicht nur die drei Grundsignaturen des Spiels – Miteinander, Freiheit, Darstellung – zur Geltung kommen, sondern auch die Logiken der beiden Spielarten, die wir bisher ermitteln konnten, miteinander verwoben sind:

- Die Logik des Gelingens, der die Geschicklichkeitsspiele in Zirkus und Manege folgen. Sie begeistern dadurch, dass sich in ihnen die erstaunlichen Fertigkeiten und Talente eines Menschen zeigen können, und zwar im Gegenüber und Miteinander schwer handhabbarer Spielzeuge (Bälle, Keulen, Trapeze, Tiger, Akrobaten ...).
- Die Logik des Gewinnens, der alle Wettkampfspiele folgen. Sie begeistern dadurch, dass sich im Gegen- und Miteinander der Spieler deren Fertigkeiten, Talente, Emotionen, Charaktereigenschaften zeigen können.

Spiele, die beiden Logiken folgen, sind attraktiv und faszinierend. Noch mehr gilt das von Spielen, die darüber hinaus Elemente in sich vereinigen, die den anderen großen Spielfamilien entlehnt sind, denen wir uns nun zuwenden werden: den

Kultspielen, den Schauspielen und den Glücksspielen. Auch ihr Wesen werden wir uns am ehesten erschließen können, wenn wir sie in ihrer ursprünglichen Erscheinungsform betrachten. Dafür schlagen wir nun aber einen anderen Weg ein.

Im Tempel: Der Ursprung der Kultspiele

Unser Weg zum Ursprung des Spiels führte uns bisher in unsere Kindheit: in unsere Spielzimmer, auf unsere Spielplätze, zu unseren Spielfeldern. Von diesem Weg werden wir nun abbiegen, um einem anderen Pfad zu folgen. Er führt uns nicht allein durch das Labyrinth unserer Biografie zurück in die Jugend, sondern durch die Geschichte der Menschheit zurück in unser aller Vorzeit. Oder sagen wir: hin zu ursprünglichen Gesellschaften, deren Kultur zumeist in der Vergangenheit lebte, teilweise aber noch heute lebendig ist. In ihnen hat sich eine andere Spur des wesentlichen, wirklichen Spielens bewahrt – in ihnen finden wir eine Ursprünglichkeit, die ebenso wie die der Kinderspiele in die Matrix aller unserer Spiele eingewoben ist.

Wir laden Sie nun ein zu einer Zeitreise: Lassen Sie uns einen indigenen Stamm besuchen und aus der Ferne seinem wunderlichen Treiben zuschauen. Dort haben sich Männer, Frauen und Kinder versammelt. Mitten unter ihnen sticht eine auffällig gekleidete Person ins Auge: der Schamane. Was macht er nur? Er zeichnet einen großen Kreis auf die Erde, um den herum sich nun die Menschen sammeln. Erinnert Sie das an etwas? Gewiss – es ist die gleiche Handlung, die wir schon im Park beobachten konnten, als unsere Kinder ihr Spielfeld markierten. Was hier geschieht, sieht dem zum Verwechseln ähnlich. Und in gewisser Hinsicht ist es sogar dasselbe. Denn der Schamane steckt das Feld für jenes Kultspiel ab, das hier zur Aufführung gebracht wird. Das Kultspiel ist eine der ursprünglichen Erscheinungsformen des Spiels, die wir betrachten wollen.

Die Menschen scharen sich um jenen Zauberkreis, den der Schamane zog. Denn dieser Kreis markiert die Grenze, er umgrenzt den Raum, in dem sich etwas zeigen soll, was außerhalb des Kreises sich nicht zeigen könnte. Was ist wohl dieses Etwas? Es ist ein Geist oder ein Gott, ein Wesen, das aus einer anderen Schicht der Welt herbeigerufen wird – um sich zu zeigen. Es braucht dafür diesen besonderen Raum: »geweihter Grund, als Stätte für das Erscheinen und Sichbekunden der Götter«[91]. Was hier geschehen soll, ist aus dem üblichen, alltäglichen Geschehen ausgegliedert. Es folgt nicht der alltäglichen Logik des Besorgens und Handelns, der Arbeit und Pflicht. Es folgt noch nicht einmal der üblichen Logik der Naturgesetze. Der Geist, der Gott, die sich hier zeigen sollen, benötigen den abgesteckten Raum des Spiels, der wie eine Fermate in der Zeit ist – wie eine Blase, die vom Rest der Welt geschieden ist. Erneut erkennen wir, wie wichtig für das Spiel die Grenzen sind. Nur wo das Spiel in aller Klarheit fest umrissen ist, kann es gelingen, kann sich in ihm etwas zeigen. Denn ohne räumliche und zeitliche Grenzen kann es nicht die Freiheit garantieren, die es braucht, um das Unberechenbare, Unverfügbare, das Heilige und Unfassbare darzustellen.

Der abgegrenzte Raum unseres Schamanen ist das, was ursprünglich ein *templum* ist: ein Tempel. In diesem Tempel findet nun das Kultspiel statt. Gerufen wird der Geist, der sich durch den Schamanen darstellt. Nicht »spielt« der Schamane den Geist – das wäre neuzeitlich gedacht –, nein, der Geist spielt den Schamanen, so wie der Musiker die Geige spielt. Im ursprünglichen Verständnis wohnt die Kultgemeinde der Performance ihrer Götter und Dämonen bei, die sich im Medium des Schamanen zeigen. Ob das geschehen wird, ist völlig ungewiss. Wie es geschehen wird, weiß niemand. Das Spiel ist spannend, unberechenbar. Zumal auch niemand weiß, was wohl der Geist oder der Gott zu sagen haben wird.

Das Kultspiel öffnet einen Spielraum, worin das Göttliche und Heilige sich zeigt. Es braucht dafür des Wechselspiels von Kultgemeinschaft und Schamane, von Priester und Gemeinde. Noch in der Kirche ist das so – zumindest da, wo sie sich etwas Spielerisches bewahrt hat; etwa in der katholischen Messfeier oder in der heiligen Liturgie des Johannes Chrysostomos, die sich als bewährte und differenzierte Spielregel orthodoxer Kultspiele beschreiben lässt: Recht verstanden sind alle Liturgien spielerische Settings, die es darauf angelegt sein lassen, dass der Heilige Geist sich in ihnen zeigt.[92] Es wäre eine eigene Untersuchung wert zu ermitteln, inwieweit der erhebliche Attraktivitätsverlust christlicher Kirchen damit zu tun haben könnte, dass sie infolge der Reformation die spielerisch-liturgischen Grundsäulen der Spiritualität eingerissen und durch den Ernst von Moral und Bekenntnis ersetzt haben. Der Geist weht eben nur da, wo *er* will. Und es gibt allen Grund zu der Vermutung, dass er am meisten da will, wo gespielt wird – wo es lebendig zugeht.

Beim Kultspiel geht es weder ums Gewinnen noch ums Gelingen, sondern ausschließlich um die Epiphanie. Sie diktiert dem Kultspiel seine Logik. Es geht im Kultspiel vornehmlich darum, das Heilige zu zeigen – was aber nur deshalb gelingen kann, weil die drei tragenden Grundfunktionen eines jeden Spiels in ihm zusammenwirken: die Darstellung, die Freiheit und das Miteinander.

Auf der Bühne: Der Ursprung des Schauspiels

Bleiben wir noch ein wenig an den Ursprüngen. Wir haben nun dem Kultspiel des Schamanen beigewohnt. Der Geist hat sich gezeigt, und alle sind zufrieden. Beim nächsten Vollmond tritt der Stamm erneut zusammen. Erneut kommt der Schamane und markiert ein Feld. Doch dieses Mal ist das Arrangement ein bisschen anders. Man setzt sich nicht *um* einen Kreis, sondern *vor* einen Halbkreis. Und in diesen Halbkreis treten Menschen, die Masken tragen. Auch Musiker kommen dazu. Ein Tanz beginnt, ein mimisches Geschehen. Ein Mythos wird zur Aufführung gebracht. Nun sind wir Zeugen einer Urform des Theaters, der Oper oder des Balletts. Sie alle haben sich aus solchen oder ähnlichen archaischen Schauspielen entwickelt – in der Form, die in unserer Kultur geläufig ist, zum ersten Mal im alten Griechenland, als bei den Kultfeiern zu Ehren des Dionysos die Menschen Maskentänze aufführten. Aus ihnen wurden später dann die großen Dionysien zu Athen, bei denen Aischylos, Euripides und Sophokles ihre unsterblichen Tragödien zur Aufführung brachten.

Das Setting einer Bühne sieht dem Tempel zum Verwechseln ähnlich. Noch heute sticht dieser Tatbestand in den orthodoxen Kirchen ins Auge, wo die sogenannte Ikonostasis bis ins Detail dem Bühnenaufbau eines antiken Theaters entspricht. Der Unterschied zwischen dem Kultspiel und dem Schauspiel liegt folglich auch nicht so sehr in der Logik des Geschehens, denn beide haben ihr Genüge darin, etwas zur Darstellung zu bringen, was sich nicht anders zeigen könnte. Allein das »etwas« macht den großen Unterschied, denn bei den Kultspielen geht es darum, Dämonen oder Götter zu beschwören, während beim Schauspiel Menschen im Zentrum stehen. Am

Anfang, in der attischen Tragödie, lässt sich beides noch nicht wirklich trennen. Jedoch im neuzeitlichen Schauspiel eines Schillers oder Shakespeares hat sich die Darstellung des Menschlichen als eigentlicher Sinn des Spiels herausgeschält.

So zeigen sich auf der Theaterbühne heute vor allem menschliche Charaktere in ihren Tugenden und Lastern. Sie öffnen einen Resonanzraum, worin die Zuschauer sich selbst entdecken können. Das ist die tiefere Bedeutung der *kátharsis*, die Aristoteles als wichtigstes Moment des Dramas ausmachen zu können meinte. Das Schauspiel zeigt dem Menschen, wer er ist oder doch sein könnte.

Die meisten Schauspiele sind Rollenspiele. Sie öffnen einem Spieler jene wunderbare Möglichkeit, sich in der Rolle eines anderen zu erproben. Dabei sind Masken und Verkleidungen eine außerordentliche Hilfe. Sie markieren die Rolle und geben dem Spieler den nötigen Schutz, den er braucht, um in jener Anderswelt des Schauspiels Unerhörtes zu erproben. Nicht nur dem Zuschauer wird solcherart ein unbekannter Zug des Menschlichen gezeigt: Beim Rollenspiel erfährt der Spieler selbst, was noch an ungelebtem Potenzial in seiner Seele schlummert. Hier kann er in einem geschützten und gesonderten Bereich, in der geschlossenen Spielwelt, Facetten seines Selbst erkunden, für die seine alltägliche Lebenswelt keinen Raum bietet. Das Rollen- oder Maskenspiel – vor allem, wenn man es mit anderen spielt – ist eines jener Spiele, die Menschen glücklich und lebendig machen.

Neben dem Theaterspiel gibt es zahlreiche andere sogenannte performative Künste – also solche, deren eigentümliches Spielfeld die Bühne ist: Oper und Musical, Konzert und Tanzperformance, selbst Lichtspielhaus und Fernsehen. Bei allen diesen Spielstätten geht es genau wie im Theater darum, den Menschen darzustellen – oder besser noch: das Menschliche. Und wie bei jedem echten Spiel gelingt dies nur, weil es dabei zu einem Miteinander kommt: zur Interaktion zwischen Publikum und Spieler, zur Interaktion der Spieler untereinander, zur Interaktion zwischen Spieler und Regel.

Wie aber steht es bei diesen Spielen um die Freiheit? Tatsächlich ist ihr Regelwerk oft extrem genau. Die Spielregeln der Oper finden sich in der Partitur, die des Films im Drehbuch. Ein solches Regelwerk lässt den Aufführenden – von wenigen Ausnahmen wie dem Dirigenten oder dem Regisseur abgesehen – wenig Spielraum, wenig Freiraum. Die Spieler müssen ihren Text beherrschen, sie müssen sich den Anweisungen des Komponisten oder Dirigenten unterwerfen. Schlimmstenfalls werden die Aufführenden dabei zu Ausführenden: zu solchen, die beinahe wie Maschinen das Stück »runterspielen«. Wo so etwas geschieht, verlieren Musik und Drama ihren Reiz. Dann ist ihr Spiel nicht mehr spielerisch, sondern mechanisch. Dann fehlt ihm die Lebendigkeit, um derentwillen wir doch eigentlich die Bühnen suchen. Zu viel der Regel ist nicht gut. Zu wenig Spielraum nimmt dem Spiel die Luft. Das lässt sich auf der Bühne leider oft beobachten.

Ganz anders aber ist es, wenn die Spieler spielen dürfen. Wenn sie sich selbst in ihrem Spiel darstellen können. Wenn sie dem Ton des Instruments eine persönliche Note verleihen dürfen. Wenn sie bei einem Rock- oder Jazzkonzert ihr Solo bekommen, wo sie – getragen vom Miteinander des Ensembles oder der Band – nach Herzenslust spielen dürfen. Dafür gibt es dann nicht zufällig Applaus oder Standing Ovations. Am Ende ist es doch das Spiel, das uns begeistert und entzückt.

Die größte Freiheit hat das Schauspiel, wo es ganz zur Improvisation wird: Wo das Regelwerk auf ein Minimum reduziert wird, um den Spielraum der Spieler ins Unendliche zu steigern. Bei einem Impro-Theater-Workshop etwa werden alle Regeln außer Kraft gesetzt. Nur der Bühnenraum und die Spieldauer werden festgelegt. Alles Übrige kann den Spielern überlassen werden. Natürlich kommen auch sie nicht ohne Regeln aus. Aber sie geben sie sich selbst. Sie schreiben sie fort, indem sie ihr Schauspiel voranbringen. Jede Handlung gibt der nächsten ihre Regel. Nach Ende der Spielzeit könnte man die Logik jenes Stücks rekonstruieren oder abstrahieren. Man könnte die Choreografie, den Text, die Dramaturgie, die Partitur niederschreiben oder das Geschehene fotografisch fixieren und es solcherart reproduzierbar machen. Jedoch würde man ihm dadurch seinen Zauber oder – wie Walter Benjamin es nannte – seine *Aura* nehmen, die eben dadurch entstand, dass sich das Spiel im freien und improvisierten Miteinander aller Spieler ereignete.

Der Spielraum eines Mozart-Interpreten ist dagegen klein. Die Partitur steht fest, und streng genommen ist das große Spiel bereits vorbei, wenn es zur Aufführung kommt – das große Spiel, das Mozart spielte, als er komponierte. Und dennoch kann der Virtuose auch die gestrenge Vorgabe noch spielen. Es braucht dafür jedoch die Meisterschaft des Spielers, der seine Spielkunst so perfektioniert hat, dass er in feinsten Nuancen und Details etwas zu Gehör bringt, was nie zuvor vernommen ward.

An dieser Stelle sollten wir vielleicht erwähnen, dass bei genauer Betrachtung auch die bildenden Künste der Familie der darstellenden Spiele zugehören. Der Maler hat sein Spielfeld nicht auf einer Bühne, wohl aber in der Leinwand, die ihm seine Grenze setzt. Die Regel seines Spiels ergibt sich aus dem Sujet, das er malt – und sie wird ausformuliert mit jedem Pinselstrich, den er tut. Das Malen selbst ist zweifellos ein Spiel, das etwas zeigt – entstanden in der Freiheit eines leeren Spielraums, geboren aus dem Wechselspiel von Künstler,

Farbe und Sujet. Nicht anders steht es um den Bildhauer, der seine Freiheit und sein Gegenüber im Marmor- oder Holzblock findet.

Die mannigfaltigen Schauspiele bieten ein enormes Spektrum an Optionen des Zeigens und Darstellens. Je nach Spielarrangement öffnen sie den Spielern unermessliche Freiheitsräume der Improvisation, oder sie legen sie an die kurze Leine von Dramaturgie und Choreografie. Doch lassen sie sich alle so beschreiben, dass unsere Grundsignaturen des Spiels an ihnen erkennbar werden: das Darstellen sowieso, aber auch das Miteinander der spielenden Mimen, Sänger, Tänzer, Musikanten. Und Freiheitsräume, wenn auch manchmal äußerst klein und manchmal äußerst groß, gibt es ebenso bei allen Spielen von der Art des Schauspiels.

Die Spiele, denen wir bislang beiwohnten, bezaubern durch ihre spielerische Unschuld. Die Unschuld dieser Spiele hängt daran, dass sie allein um ihrer selbst willen gespielt werden. Der Sinn des Spiels liegt im Spielgeschehen, es steht nicht im Dienst eines Nutzens oder Zwecks, um dessentwillen das Spiel gespielt wird. Zumindest keines Nutzens, der den Spielenden bewusst wäre und der dem Spielgeschehen einen Zwang auferlegte.

Nun wenden wir uns einer anderen Spielfamilie zu – und damit wird die Sache etwas komplizierter. Es geht nun um die aus dem Kult erwachsenen Glücksspiele. Auch sie sind vollgültige Spiele, bei denen sich die drei Grundsignaturen des Spielens – Miteinander, Freiheit, Darstellung – wiederfinden lassen. Doch stehen sie am Rande des Spieluniversums und sind deshalb besonders anfällig für Instrumentalisierungen und Vergiftungen aller Art. Das liegt daran, dass sie forcierter etwas zeigen *wollen*, dass sich in ihnen das Um-zu des Zeigens stärker in den Vordergrund drängt. Deshalb sind sie umso mehr darauf angewiesen, die Aspekte des Miteinanders und der Freiheit nicht zu kurz kommen zu lassen. Sie brauchen – mit anderen Worten – Geselligkeit und klare Regeln oder Grenzen, um wesentlich ein Spiel zu bleiben und nicht ins Unwesen zu entgleiten.

Beim Orakel:
Der Ursprung des Glücksspiels

Auch des Glücksspiels Heimat ist der Kult, genauer das Orakel: ein klar umgrenzter Ort, an dem in einem bestimmten Spielfeld zu einer bestimmten Spielzeit ein Spielarrangement aufgebaut wird, bei dem es völlig offen ist, wie die dort gespielten Spiele ausgehen. Mal zieht die Orakelpriesterin Lose, mal würfelt sie, mal legt sie Karten – gleichviel: Stets ist total ungewiss, was sich bei diesen Spielen zeigen wird. Sie öffnen dem Zufall einen weiten Spielraum. Und eben darin liegt ihr Reiz.

Um den Spielcharakter des Orakels zu verstehen, ist es wichtig, sich eine Unterscheidung klarzumachen: Im ursprünglichen Arrangement gibt es einerseits diejenigen außerhalb des Spielraums, die das Orakel konsultieren, weil sie etwas wissen wollen. Andererseits gibt es diejenigen, die das Orakelspiel spielen, und zwar innerhalb des Spielraums: die Priesterin oder der Priester. Die Ratsuchenden konsultieren das Orakel, aber sie spielen nicht mit. Das Spielen bleibt den Priesterinnen und Priestern vorbehalten. Sie sind es, die die Würfel werfen, Karten legen oder Lose ziehen. Und für sie, die diese Spiele spielen, ist es völlig unerheblich, was die Menschen, die um das Orakel bitten, wissen wollen. Ihnen ist der Ausgang gleich.

Nur deshalb funktioniert das Spiel der Priesterinnen und Priester. Verfolgten sie bei ihrem Spiel bestimmte Zwecke, würden sie ihre Glaubwürdigkeit einbüßen. Nur weil ihnen – zumindest idealerweise – egal ist, was die Würfel, Karten oder Lose zeigen, hat das, was sie zeigen, für die Ratsuchenden Gültigkeit. Das heißt: Diejenigen, die als Orakelpriester Würfel- oder Kartenspiele spielen, sind in ihrem Spiel frei. Was wiederum deshalb gelingt, weil auch für ihre Orakel- oder Glücksspiele ein Spielfeld aus dem Rest der Welt herausgenommen wurde. In ihm kann sich zeigen, was in der Welt jenseits des Spielfeldes nie erscheinen könnte.

Das Spiel funktioniert vor allem deshalb, weil sein Ausgang ungewiss ist. Der Spielverlauf ist unberechenbar. Man weiß nicht, was sich zeigen wird, und deshalb ist es spannend. Vor allem hat das, was sich zeigt, dadurch Gewicht, dass niemand es berechnen könnte. Das Spielergebnis ist in keiner Weise durch die Einflüsse der Welt jenseits des Spiels determiniert. Nur deshalb konnte man auf die Idee kommen, ein Gott, ein Geist oder das Schicksal könnte durch es sprechen.

So war es ursprünglich gemeint – auch wenn wir heute viel davon vergessen haben. Aus der Orakelstätte sind das Kasino oder die Spielbank geworden – zwei interessante Orte, an denen wir kurz verweilen wollen.

Im Spielkasino alter Schule lebt etwas fort vom ursprünglichen Orakelspiel, denn auch hier geht es der Grundidee nach darum, etwas herauszufinden – ob einem das Glück hold ist oder nicht. Schauen wir hin: An den Roulettetischen sitzen Frauen im Abendkleid und Männer im Smoking. Sie haben für ihr Spiel besondere Spielkleidung angelegt. Was aber spielen sie? Sie schieben ihre Jetons auf bestimmte Felder, sie setzen ihren Einsatz, sie »machen« ihr Spiel. Bis dahin reicht ihr Einfluss. Bis dahin sind sie Teil des Orakelgeschehens. Dann greift ein Mitspieler ins Spielgeschehen ein: der Croupier. »Faites vos jeux«, gemahnt er die Mitspieler, bevor er erklärt,

»Rien ne va plus.« Nun ist er es, der das Spiel zu Ende spielt: Er wirft die Kugel ins Roulette und ermittelt, was das Schicksal sagen will. Die Mitspieler am Spieltisch haben keinen Einfluss mehr auf das Geschehen. *Es zeigt sich* nun, wer bei dem Spiel gewinnt und wem »das Glück gewogen ist«.

Der Geldeinsatz ist der Idee nach dabei unerheblich. Er dient dazu, die Spannung des Spiels zu erhöhen. Aber man könnte auch ohne Geldeinsatz Roulette spielen. Nicht ohne Grund gibt es Roulette auch als einfaches Kinderspiel, bei dem lediglich um Spielgeld gespielt wird. Der Reiz des Spiels geht dadurch kaum verloren, denn die eigentliche Spielidee – das Erproben des Glücks – besteht auch dann fort, wenn es dabei nur um Spielgeld geht. Ein wirklich freies Spiel kann im Kasino deshalb auch nur spielen, wer es sich leisten kann, das heißt: wer in der komfortablen Situation ist, das Geld, das er dorthin mitnimmt, als Spielgeld betrachten zu können. Wer hingegen weiß, dass er im Falle des Verlierens als Schuldner seinen Heimweg antritt, sollte das Kasino meiden. Denn wirklich spielen kann dort nur, wen Gewinn oder Verlust außerhalb des Spielortes nicht tangieren. Das wird zwar in der Realität eher die Ausnahme sein, aber es hilft in diesem Fall, sich die Sache idealtypisch anzuschauen, damit die ursprüngliche Idee des Kasinospiels zum Vorschein kommt.

Hat man sie vor Augen, dann wird man sagen können: Das Arrangement im Kasino hat tatsächlich etwas vom alten Orakelspiel bewahrt. Es ist ein Zusammenspiel von Croupier und Spielenden, das so gebaut ist, dass es die Mitspielenden – zumindest seinem Regelwerk nach – dazu anhält, ganz in ihrem Tun aufzugehen und nicht nach dem Gewinn zu fragen, den sie am Ende des Abends mit nach Hause nehmen. Sie sind ein Teil des Orakelgeschehens, und die Spielregeln, die hier zu einem guten Teil auch Anstandsregeln sind, unterstützen sie ebenso wie die Spielkleidung darin, diese innere Haltung des Spielers durchzuhalten. Deshalb war es keine gute Idee, die strenge Kleiderordnung für Spielkasinos aufzuheben oder zu lockern. Wer in Straßenkleidung ins Kasino tritt, ist leicht versucht, den Geist des Spielens zu vergessen: Ihm ist nicht mehr bewusst, dass er den Alltagskreis verlässt und einen Raum betritt, in dem er nur am rechten Platze ist, wenn er sich seinem Zauber des Als-ob anheimgibt und so spielt, als ob er nur mit Spielgeld spielte.

Ganz anders geht es allerdings in den Spielkasinos jener Machart zu, die wir zuhauf an den Ausfallstraßen unserer Städte oder in den Vergnügungsvierteln finden: den Kasinos vom Typ »Las Vegas«. Was geht dort vor? Einsame Menschen in Jeans und Turnschuhen stehen vor Maschinen und hoffen darauf, Gewinn zu machen: keine Spielkleidung, keine Benimmregeln, keine Geselligkeit und keine Freiheit, denn die Handlung ist durchdrungen von der Absicht, als reicher Mann nach Hause zu gehen. Das Spielgeschehen selbst ist für die Leute an den Spielautomaten im Kasino unerheblich. Tatsächlich spielen sie ja auch gar nicht selbst. Das Spiel verrichtet die Maschine. Sie ist es, die an die Stelle der Orakelpriesterin oder des Croupiers tritt. Die Menschen vor den Automaten wohnen deren Spiel nur bei. Sie warten – ähnlich wie die Orakelsuchenden der Vergangenheit – das Ergebnis ab, das darüber entscheidet, ob das Glück ihnen hold ist oder eben nicht.

Am Spiel beteiligt sind sie allenfalls als Zuschauer – jedoch als Zuschauer, die selbst nicht spielen. Das unterscheidet sie – ganz abgesehen von ihrem Outfit – von den Gästen des Spielkasinos alter Schule. Sie folgen nicht der Logik des Spiels, der es primär darum geht, dass sich etwas zeigen kann – nicht um das, was sich letztlich zeigt. Vielmehr folgen sie einer spielfremden, ökonomischen Logik, die es darauf anlegt, von dem

Spiel zu profitieren: Denn dem Glücksspieler beim Automatenspiel geht es nicht ums Gewinner-*Sein*, sondern ums Gewinn-*Machen*. In ihm ist der *Homo oeconomicus* mächtig, der sich als *Homo ludens* tarnt, indem er die Spiele anderer für seine Geschäfte in Dienst nimmt. Sein Automatenspiel ist gar nichts anderes als ein Handel im spielerischen Outfit.

Bei den archaischen Orakelspielen war das anders. Gewiss, auch sie erzeugten für das Publikum einen »Gewinn«, den sie womöglich mit nach Hause nehmen konnten: das »Ja« des Gottes zu einem Vorhaben, das »Nein« eines Ahnen zu einer Reise – oder was auch immer. Aber das Spielarrangement war so gemacht, dass diejenigen, die das Spiel vollzogen, sich ganz ins Spiel verlieren mussten und auch konnten, damit das Spiel gelingt: in einem Freiraum und im Miteinander der Spielenden und der Zuschauer. Den Spielenden beim Orakel ist – ebenso wie idealerweise den Spielenden beim Roulette – das Ergebnis egal; die Zuschauer sind es, die den Ertrag des Spiels mitnehmen.

Nicht anders ist es in der Welt der Sportwetten, die jener Welt der Glücksspielhallen eng verwandt ist. Hier lässt sich ein vergleichbares Arrangement beobachten: Die »Spielteilnehmer« spielen nicht selbst, sondern sie nutzen die Spiele anderer als ein »Orakel«, von dem sie hoffen, dass es sich ihnen als günstig erweist. Ihr Beitrag beschränkt sich darauf, einen Einsatz zu setzen. Dann findet das Spiel statt, auf das sie selbst keinen Einfluss haben und das für sie nur unter dem Gesichtspunkt des Ergebnisses von Belang ist. Wer Fußballtoto spielt, fragt nicht, ob ein Spiel nach den Kriterien des Spiels ein gutes Spiel war. Er fragt nur, ob er richtig getippt hat und mithin einen Gewinn einstreicht. Für jene, die das Spiel auf dem grünen Rasen austragen, ist es wiederum vollkommen irrelevant, was aus denen wird, die auf sie setzen. Sie spielen ihr Spiel, während die Gemeinde der Wettenden um ihren Gewinn fiebert.

Auch jene Form des Glücksspiels, die kein echtes Spiel ist, hat einen fernen Ursprung in den Kultformen archaischer Kulturen. Wir wissen nun, dass die Menschen ihre Spiele einst als Instrument verstanden, um einen Wink der Götter oder Geister zu erhalten. Sie wollten wissen, was ihr Schicksal ist. Sie waren dabei aber klug genug, die Spiele so zu arrangieren, dass jene, die sie ausführten, von jener dem Spiel äußerlichen Zwecksetzung unberührt blieben. Der Schamane spielte, die kultischen Tänzer spielten, die Orakelpriester spielten. Ihr Spiel genügte sich selbst – und nur deshalb hatte das, was bei ihrem Spiel herauskam, eine hohe Autorität und Relevanz.

Genauso veranstalteten unsere archaischen Vorfahren Kampfspiele, durch die Konflikte gelöst werden sollten. Ein gängiges Arrangement war etwa der »Kampf der Häuptlinge«, von dem nicht nur bei Asterix die Rede ist, sondern auch in Homers *Ilias*, wenn Hektor und Achill im Zweikampf den Trojanischen Krieg entscheiden sollen. Ihr Kampf erscheint als eine Art Gottesurteil: »Der persönliche Zweikampf kann als Orakel dienen«[93], erläutert Huizinga. Die Logik, die jenen Kämpfen innewohnt, umschreibt er so: »Man lässt also die Überlegenheit der eigenen Partei in agonaler Form durch einen Zweikampf bündig beweisen. Damit, dass die Sache sich als die stärkere erwiesen hat, ist zugleich dargetan, dass sie die bessere ist: die Götter sind ihr gnädig.«[94]

Der Zweikampf dient, mit anderen Worten, dem »wechselseitigen *Erproben des Geschicks*«[95]. Er soll etwas ermitteln, das sich anders nicht ermitteln ließe und das auch für die Welt jenseits des Spielfeldes bedeutend ist. Es wird gekämpft, »um durch die Probe des Gewinnens oder Verlierens eine Entscheidung mit heiliger Geltung zu erhalten«, schreibt Huizinga.

Und weiter: »An Stelle der Gerichtsverhandlung, des Würfelspiels oder des Losorakels, die alle ebenso gut den Willen der Götter offenbaren könnten, wählt man die Waffengewalt.«[96]

Den Kampfplatz zur Orakelstätte zu erklären, machte es archaischen Kulturen möglich, den Kampf als solchen in ein Spiel zu konvertieren. Die Kämpfer, so die Grundidee, folgen allein der Logik ihres Kampfes. Je mehr sie darin aufgehen, umso besser. Zugleich bewegen sie sich in der Haltung des Als-ob: Sie kämpfen nicht primär für sich, sondern sie kämpfen stellvertretend. Ihr Kampf ist ein Orakel, dessen sich das Schicksal oder Gott bedient. So gleichen sie der Drehscheibe des Roulettes, der Lostrommel oder dem Würfelbecher. Aus Perspektive derer, die sich von ihrem Tun ein Ergebnis oder Urteil erhoffen, gleichen sie sogar den Spielautomaten der Glücksspieler. Und aus Perspektive derer, die Sportwetten eingehen, gleichen sie den Sportlern, in deren Spiel sich zeigt, ob sie, die Wettenden, vom Glück begünstigt sind und ob das Schicksal ihnen wohlgesonnen ist.

Glücksspiele sind ambivalent. Sie können echte, reine, freie Spiele sein, wenn sie es den Spielenden erlauben, selber mitzuspielen und sich dabei von dem Ergebnis frei zu machen, das ihr Spiel zutage fördert. Wo das gelingt, da liegt ihr Reiz darin, dass sie es ganz dem Spielverlauf überlassen, ob sie am Ende die Gewinner sind. Der Gewinn ist zweitrangig. Ganz anders ist das bei den Automatenspielen oder Sportwetten. Hier wird nicht mitgespielt, und hier zählt nur der Ertrag. Das Glücksspiel hat dann aufgehört, ein Spiel zu sein.

Wir haben nun die großen Spielfamilien kennengelernt: Geschicklichkeitsspiele und Wettkampfspiele, Schauspiele (einschließlich der Kultspiele) und Glücksspiele. Wir hatten schon bemerkt, dass Spiele dann besonders attraktiv sind, wenn sie in sich Facetten aller Spielfamilien zeigen. Wenn es bei einem Spiel darum geht, geschickt zu sein und etwas darzustellen, ein bisschen Glück zu haben und am Ende zu gewinnen, dann wird dieses Spiel viele Menschen faszinieren und in seinen Bann schlagen – vorausgesetzt, dass sie dabei die Grundsignaturen des Spiels zur Geltung bringen können: dass sie zweckfrei miteinander spielen und dabei etwas zeigen können. Für viele Sport-, Brett- und Kartenspiele trifft das zu. Sie sind oft reizvolle Mischungen aus Geschicklichkeitsspiel, Glücksspiel, Schauspiel und Wettkampfspiel. Sie bringen als Gesellschaftsspiele Menschen zusammen, öffnen für eine bestimmte Zeit an einem bestimmten Ort außerordentliche Freiheitsräume, in denen die Spielenden sich zeigen oder etwas zur Darstellung bringen können.

Mit unserer Matrix der Grundsignaturen und Spielfamilien ausgestattet, sind wir nun gut gerüstet, wirkliche und echte von falschen und schlechten Spielen zu unterscheiden. Falsch und schlecht, nicht weil sie unmoralisch wären, sondern weil sie dem Wesen des Spielens zuwiderlaufen und deshalb die Möglichkeiten, die dem echten Spiel innewohnen, nicht nur nicht nutzen, sondern schlimmstenfalls ins Gegenteil kehren. Wir wollen deshalb im zweiten Teil dieses Kapitels einige echte, besonders spielerische Spiele vorstellen, die das Zeug haben, auch Ihnen Inseln der Lebendigkeit zu sein. Und ferner wollen wir das eine oder andere falsche Spiel entlarven.

Im Stadion:
Der Charme des Fußballspiels

Besonders attraktiv sind Spiele, die alle Spielweisen und Grundzüge des Spiels in sich vereinen. Mit diesem Rezept halten wir den Schlüssel zu einem Geheimnis unserer gegenwärtigen Kultur in Händen: den Umstand, dass es ein Spiel gibt, das die Menschen in allen Erdteilen verbindet – ein Spiel, das Junge und Alte, Männer und Frauen, Arme und Reiche begeistert, das alle kulturellen und sogar religiösen Grenzen überschreitet: das Fußballspiel. Von seiner großen Bedeutung für die Kultur der Gegenwart haben wir schon gesprochen. Sein Mysterium können wir nun deuten.

Das Fußballspiel gewährt ein hohes Maß an Du und Begegnung: Zwei Mannschaften spielen mit- und gegeneinander. Mitspieler und Gegenspieler sind einander verbindlich. Sie können außerhalb der Spielzeit gute Freunde sein, während des Spiels kämpfen sie gegeneinander. Sie schütteln sich vor dem Spiel die Hände und tauschen nach dem Spiel die Trikots. Man sieht: Die Grenzen dieses Spiels sind klar gezogen – 100 mal 86 Meter misst das Spielfeld, 90 Minuten währt die Spielzeit, gegebenenfalls folgen Verlängerung und Elfmeterschießen. Die Spielregeln sind denkbar einfach, die Spielkleidung ist nicht zu übersehen. Der Spielraum ist unendlich groß: Es wird wohl niemals dazu kommen, dass sich ein Spielverlauf mit sämtlichen Spielzügen in den nächsten zehn Milliarden Jahren wiederholen wird. Das heißt: Die Spieler genießen eine außerordentliche Freiheit bei höchster Verbundenheit.

Die Spieler spielen um des Spielens willen. Das mag im Profifußball manchmal anders sein, gilt streng genommen aber auch da. Natürlich will jeder Spieler gewinnen. Wollte er es nicht, wäre er ein Spielverderber. Die Aussicht auf den Sieg treibt das Spiel voran und diktiert ihm seine Logik. Und solange das Spiel gespielt wird, gilt ausschließlich diese Logik. Denkt ein Spieler während des Spiels an seinen Gewinn – etwa an die Siegprämie –, dann hat er aufgehört zu spielen. Er spielt dann nicht mehr gut. Das wissen auch die Profis. Ein Philipp Lahm oder ein Thomas Müller spielen, weil sie spielen wollen. So wird man dann zuletzt auch Weltmeister ...

Im Spielverlauf zeigt sich Erstaunliches: Nicht nur, wer Sieger ist und wer Verlierer; es werden auch Tragödien und Komödien aufgeführt, das ganze Glück, das ganze Leid des Menschenlebens kommt zum Vorschein. Ja selbst Dämonen haben sich schon auf dem Fußballplatz gezeigt. Zumindest könnte das erklären, warum Zinédine Zidane im WM-Finale 2006 in Berlin kurz vor Spielende zu einem Bock mutierte und seinen Gegenspieler rammte ... So oder so: Das Publikum bekommt etwas gezeigt. Und es spielt mit, ist unmittelbar beteiligt. Deswegen legen die Zuschauer auch Spielkleidung an, wenn sie ins Stadion gehen – zumindest diejenigen, die das Geschehen nicht einfach nur konsumieren, sondern mitzuspielen gewillt sind: die Fans.

Das Fußballspiel ist ein klassisches Wettkampfspiel. Doch nicht nur das. Es ist ebenso Schauspiel, Glücksspiel und Geschicklichkeitsspiel. Man denke nur an Messi oder Ronaldo: die großen Ballkünstler, die Unvorstellbares mit dem Spielgerät anzufangen wissen; die Bälle jonglieren und anschneiden können; deren Ballbeherrschung die Fans in Ekstase versetzt; die über 60 Meter Präzisionsflanken schlagen. Damit könnten sie sich auch im Zirkus sehen lassen. Na ja, und Glück ist auch immer im Spiel. Mal sieht der Schiri hin, mal schaut er weg. Mal entscheiden wenige Millimeter, ob der Ball vom Pfosten ins Tor springt oder nicht. Es ist viel Unberechenbares im Fußball. Und oft schon sagte ein Berichterstatter: Der Sieg war glücklich, aber unverdient. So etwas gibt es nur im Spiel.

Genug dieser Eloge aufs Fußballspiel. Uns ist ja nur darum zu tun, uns einen Reim darauf zu machen, warum gerade dieses Spiel so überaus erfolgreich, so flächendeckend attraktiv ist. Es lehrt so viel darüber, was ein Spiel gelingen lässt und wie es dem genügen kann, was es seinem Wesen nach ist. Es lehrt zudem, warum das Fußballspiel bislang erfolgreich seine Unschuld wahren konnte. Wäre es anders – es würde nicht Millionen Menschen fesseln.

Das Fußballspiel ist deshalb so bestechend, weil es die großen Spielfamilien eint – gleichviel, ob sie aus dem Kult- oder dem Kinderspiel hervorgegangen sind. Gewiss lässt Ähnliches sich auch von anderen Spielen sagen: Auch Eishockey und Basketball, auch Handball oder Baseball haben einen solchen Zauber – den Glanz der Stadionspiele. Aber wie steht es um andere Spiele?

Wir wollen dieses Kapitel damit beschließen, dass wir noch einmal die herausgearbeiteten Spielfamilien anschauen und daraufhin befragen, wie wir sie in unserer das Spiel bedrohenden Gegenwart zur Geltung bringen können – um auf diese Weise ein paar konkrete Vorschläge zur Rettung des Spiels vorzutragen. Die Vorschläge sind subjektiv. Sie folgen den persönlichen Erfahrungen und Präferenzen der Autoren. Wir bitten daher um Nachsicht, wenn Ihr Lieblingsspiel nicht auftauchen sollte. Die Welt der Spiele ist einfach zu groß, als dass man sie alle auf gebührliche Weise würdigen könnte.

In der Manege und im Klettergarten: Der Charme des Jonglierens

Geschicklichkeitsspiele scheinen ein Kindermonopol zu sein. Welcher Erwachsene würde es wagen, sich stundenlang mit selbst gestellten Aufgaben zu befassen, um seine motorischen Fähigkeiten zu erproben? Wenn überhaupt, so möchte man meinen, wagen sich Erwachsene auf das Feld kognitiver Geschicklichkeit und zeigen ihr Können bei Rätseln oder Quizspielen. Aber weit gefehlt. Geschicklichkeitsspiele sind durchaus etwas für Erwachsene. Dafür muss man nicht erst an die einst beliebte TV-Show *Wetten, dass …?* erinnern, bei der ein Millionenpublikum gebannt den durchaus kreativen Spielen kühner Jongleure und Akrobaten jeder Art beiwohnte. Nein, es reicht, an einem Sommertag offenen Auges durch den Stadtpark einer Metropole zu schlendern und das bunte Treiben dort in Augenschein zu nehmen: Hier spielt ein Vater mit seiner Tochter Federball und müht sich unermüdlich darum, mit ihr das Spielgerät in der Luft zu halten, solange es geht. Dort übt sich eine junge Frau in der Kunst des Jonglierens und freut sich darüber, dass ein paar Jungen ihr bewundernd dabei zuschauen. Zwischen zwei Bäumen haben ein paar Jugendliche ein Band gespannt, eine Slackline, auf der sie unter Lachen und Fluchen zögerliche Gehversuche machen: Geschicklichkeitsspiele unterschiedlicher Art; Spiele, die gesellig sind; Spiele, deren Ausgang ungewiss ist und die einer gewissen Spannung nicht entbehren; Spiele, die den Spielenden Freiräume schenken, in denen sie sich erproben und ausprobieren können; Spielräume, in denen Menschen etwas von sich zeigen, was ihnen vielleicht selbst noch nicht bekannt war; Spiele, die Freude machen – Inseln der Lebendigkeit.

Es gibt noch immer vieles zu erproben. Der Körper ist ein

Reservat an Möglichkeiten. Man kann sich noch im hohen Alter dazu aufraffen, die Kunst eines Jongleurs zu erlernen. Man kann auch noch mit über 60 Jahren in einen Klettergarten gehen und sich darin üben, sich selbst von einem Stein zum anderen zu jonglieren. Das ist ein außerordentliches Vergnügen. Und all die unbekannten Muskeln, die sich am nächsten Morgen deutlich spüren lassen, verraten einem viel davon, wie wenig man die Potenziale seines Körpers zu entdecken bislang Gelegenheit hatte. Nicht zufällig sprießen Hochseilgärten und dergleichen wie Pilze aus dem Boden. Dort kann man sich auf leichten oder schwierigen Kletterstrecken kennenlernen – und solcherart die Freiheit eines echten Spiels genießen.

In manchem Pub in England hängt noch immer eine Dartscheibe. Auch das ist ein schönes Geschicklichkeitsspiel. Im Pub spielt man es gerne mit anderen als Wettkampfspiel, man kann es aber auch vorzüglich daheim spielen. Sogar in manchen Arbeitszimmern sollen Dartboards hängen. Zwischendrin ein paar Pfeile werfen – das kostet nicht viel Zeit und holt den Spieler umstandslos in die Präsenz. Das Gedankenkarussell kommt zur Ruhe, der Kopf wird frei, das Spiel zieht den Spieler in seinen Bann. Die Schwierigkeit besteht nur darin, das Spiel beizeiten zu beenden. Auch Golf gehört in diese Spielfamilie. Genauso Boule, was seinen eigenen Zauber darin hat, dass sich Geschicklichkeit und Wettkampf darin wunderbar ergänzen – und dass man immer in Gesellschaft spielt, mit Mitspielern und oft mit Zuschauern.

Motorische Geschicklichkeitsspiele sind wichtig: Jonglieren oder Klettern, Balancieren oder Treffen – die Zeit vergeht dabei wie im Fluge. Wir erleben dabei die totale Präsenz, sind hingegeben an den Augenblick, spüren keine Sorge, schmieden keine Pläne, müssen nicht funktionieren, folgen keiner Strategie – sind einfach nur im Spiel. Wir sollten uns diese kleinen Spielzeiten nicht nehmen lassen.

Natürlich gibt es auch die anderen Geschicklichkeitsspiele: die kognitiven für die grauen Zellen. Ihr Reich erstreckt sich vom Sudoku bis zum legendären Zauberwürfel, der in den 1980er-Jahren dazu führte, dass Menschen stundenlang auf der Toilette versackten, weil sie von dem vermaledeiten Spielgerät in Bann gezogen wurden, das irgendjemand dort platziert hatte: Sie konnten nicht mehr anders, als so lange an dem Ding zu drehen, bis endlich alle sechs Würfelseiten monochrom erstrahlten ...

Das Beispiel gibt uns eines zu erkennen: Geschicklichkeitsspiele dieser Art haben einen Haken. Sie können einsam machen, wenn man sie nicht mit einem Mitspieler teilt und ganz ihrem Sog erliegt. Es soll ja Ehepaare geben, die stundenlang gemeinsam über einem Kreuzworträtsel brüten oder ihre grauen Zellen am Sudoku schärfen. Nun gut, wenn's Freude macht und das Gehirn trainiert. (Mehr aber wohl auch nicht, denn die Behauptung, dass Sudoku & Co. eine Prophylaxe gegen Alzheimer darstellten, hat sich nach aktuellem Forschungsstand nicht bewahrheitet.[97])

Wohl aber werden Spiele dieser Art in manchen Fällen zu einem Dauerzeitvertreib. Dann werden sie gefährlich. Dann fehlt ihnen die Grundfunktion des Miteinanderspielens. Vielleicht sind sie für eine Weile wie ein Du, das einem immer neue Aufgaben stellt, doch wenden sie sich immer nur an den Intellekt. Eine umfassende Du-Beziehung, wie jene, die unser Mädchen zu seiner Puppe aufbauen konnte, ist gegenüber einem Rätsel, Puzzle oder Quizspiel schwerlich aufzubauen. So kommt es, dass die Spiele dieser Art nach einer Weile oft zu einem bloßen Instrument verflachen, mit dem man gegen seine Langeweile ankämpft. Wo das geschieht, zeigen die für sich genommen kostbaren Geschicklichkeitsspiele die Tendenz, Abhängigkeiten zu erzeugen. Dann kann man nicht mehr aufhören, und eben das ist fatal. Weil Spiele nur dann in die Freiheit führen, wenn sie klare Grenzen haben: zeitlich und räumlich.

Wir sprachen schon davon, dass diese Gefahr vor allem bei jenen Geschicklichkeitsspielen droht, die sich derzeit der größten Beliebtheit erfreuen: den Computerspielen. Der Cyberspielplatz ist voll von digitalen Spielen, die nur bedingt dazu animieren, motorische Fähigkeiten zu erproben, so etwa im Fall der Spielekonsole Wii. Zumeist verlangen sie nicht mehr von den Spielern, als immer gleiche Handbewegungen. Es ist eben etwas anderes, ob man mit seinem Leib auf einem Hochseil balanciert oder ein virtuelles Männchen mit einer Bewegung des Smartphones über Hindernisse hüpfen lässt. Computerspiele neigen ganz wie kognitive Geschicklichkeitsspiele dazu, Menschen zu isolieren, statt sie in Verbindung zu bringen. Selbst wo man virtuell mit anderen spielt, ist dieses virtuelle Interagieren doch keine Begegnung, bei der einem der Mitspieler – den man oft gar nicht kennt – als echtes Du begegnen würde. Denn das konkrete Gegenüber, mit dem sich das Spiel vollzieht, ist immer nur eine Maschine – auch dann, wenn die Maschine suggeriert, durch sie hindurch spiele ein anderer Mensch mit einem. Die Grundsignatur des Miteinander und der Begegnung wird bei diesen Spielen folglich nicht entfaltet – und deshalb sind sie nicht im vollen Sinn des Wortes Spiele.

Jedoch betrügen sie die Spieler um das Beste, was ein echtes Spiel zu bieten hat: das lebendige Miteinander der Spielgemeinschaft, die Begegnung von Ich und Du zwischen Spieler und Gegenspieler oder die Verbundenheit von Spielenden und Zuschauern. Vielen Spielen dieser Art haftet daher eine Melancholie oder Traurigkeit an. Sie sind nicht das, was sie sein könnten. Und sie führen dazu, dass Menschen nicht zu denen werden, die sie sein könnten. Und eben das ist schade.

Im Workshop: Der Charme des Improvisierens

Eigentlich versteht es sich von selbst: Die Schauspielkunst macht immer Spaß. Und sie steht – Gott sei Dank – bei uns noch hoch im Kurs. Noch immer gibt es viele Menschen, die ins Theater oder in die Oper gehen, die ein Konzert besuchen oder einer Modern-Dance-Performance beiwohnen, die gerne in Museen gehen, um dort den in Stein oder Farbe kondensierten Spielen unserer Künstler zu begegnen. Und, was noch besser ist: Es gibt noch immer viele Menschen, die selber musizieren oder singen, die schauspielern und tanzen, die malen oder bildhauern – kurz: die sich im künstlerischen Spiel ergehen. Und das ist gut so.

Auch Rollenspiele haben Konjunktur. Man hört von großen *Herr-der-Ringe*-Meetings, wo sich Hundertschaften Kostümierter daran erfreuen, in die Rollen ihrer Kinohelden zu schlüpfen. Das ist zwar nicht unbedingt jedermanns Geschmack – ebenso wenig wie die weithin bekannten Rollenspiele im erotischen Sektor –, aber es zeigt doch, dass die Spielkultur im Feld der Schau- und Rollenspiele durchaus lebendig ist. Von daher ist man versucht zu glauben, in diesem Bereich müsse nicht viel gerettet werden. Was aber leider nicht der Fall ist.

Die Schau- und Rollenspiele sind von zwei Seiten bedroht. Zum einen durch die ihnen von Natur aus innewohnende Tendenz, das Regelwerk zu eng zu schnüren, sodass den Spielenden die Luft zum Atmen wegbleibt. Wir sprachen schon von der Gefahr, dass die Vorgaben einer Rolle oder des Dirigenten oder des Regisseurs so genau werden, dass die Spielenden nur noch ausführende Organe sind – dass sie also kein Spiel mehr aufführen, sondern eine Arbeit verrichten. Dann werden Schauspiele mechanisch. Dann verlieren sie ihren Esprit. Dann machen sie keinen Spaß mehr. Der freie Raum zum Spielen wird dann knapp. Das Schauspiel – jedes Schauspiel – lebt davon, dass nicht nur ein bestimmtes Stück zur Aufführung gebracht wird, sondern dass die Spieler sich darin erkunden und zeigen dürfen. Sie sind ja Interpreten und keine Marionetten. Schon mancher Chorsänger oder Orchesterspieler hat sich leider selbst als Letzteres erfahren müssen und ist an seinem Metier verzweifelt.

Die andere Gefahr des Schauspiels droht im Publikum, und ihr erliegen Hunderttausende. Auch davon war bereits die Rede: Es ist die Gefahr des Konsumierens. Wer nur noch konsumiert, ist aus dem Spiel. Ein Publikum von Konsumenten sitzt mit verschränkten Armen im Zuschauerraum, denkt sich: »Aha, interessant«, und applaudiert am Ende höflich. Aber es spielt nicht mit, es geht nicht mit, es ist ein Spielverderberpublikum, das cool und ungerührt im Sessel sitzt. Es verweigert die Begegnung und das Hin und Her des Spiels. Das lässt Kulturevents oft so steril erscheinen. Und das ist schade. Ein Spielverderberpublikum betrügt sich um das Beste – die Möglichkeit, im Spielgeschehen etwas zu gewahren, was sich noch nie zuvor auf diese Weise zeigte: das einzigartige Vibrato einer Violine, die aus dem Augenblick geborene Geste des Schauspielers, die Resonanz von Tänzerin und Tänzer, das Lächeln der Diva beim Schlussapplaus – alles einmalig in seinen Nuancen, unwiederbringlich einzigartig. Wer sich als Zuschauer aufs Spielgeschehen einlässt, mag es sehen – wer es nur konsumiert, eher nicht. Er schaut nicht hin. Stattdessen schaut er auf die Uhr.

Die ganze Kraft und Schönheit eines Schauspiels – egal ob

Tanz, Musik, Theater oder was auch immer –, die ganze Kraft und Schönheit lassen sich am besten dort erfahren, wo man selber spielt. Und das am besten da, wo improvisiert wird: wo weder die Gefahr droht, in Partitur, Dramaturgie oder Choreografie zu ersticken, noch sich als unbeteiligter Konsument aus dem Spiel zu verabschieden. Am besten ist es da, wo man genötigt ist, sich selbst aufs Spiel zu setzen und sich ihm bedingungslos anzuvertrauen. Improvisationsspiele gibt es in allen Bereichen: Impro-Theater, Impro-Tanz – wir wählen ein Beispiel aus der Musik.

Das Spiel ist einfach. Ein Kreis von 20 Menschen tritt zusammen. Das Spielfeld ist damit bestimmt. Die Spielzeit wird auf 20 Minuten festgelegt. Das Spielzeug haben alle Spieler bei sich – den eigenen Leib, genauer: die eigene Stimme. Die Spielregel besagt: Alle Spieler artikulieren Laute, die nach ihrem Dafürhalten stimmig sind. Alles ist erlaubt. Nur soll man darauf hören, was die Mitspieler an Tönen von sich geben. Und dann beginnt das Spiel mit einem Augenblick der Stille, bevor der erste Ton erklingt. Was glauben Sie, was nun geschieht? Es ist erstaunlich. Eine Komposition entsteht – eine Musik, die niemand komponiert, die sich vielmehr von selbst ergibt; ein Hin und Her, ein Auf und Ab – ein freies, wunderschönes Spiel. Erneut: Die Zeit verfliegt, die Spieler sind mit Leib und Seele hingegeben an die Klänge, die sie gemeinsam mit den Mitspielern erzeugen. Sie sind in ihrem *Tönen* (so heißt das Spiel) völlig frei und doch aufs Innigste verbunden. Sie stellen etwas dar, das nie zuvor gehört war und auch nie wieder erklingen wird. Die Improvisation ist das totale Spiel – Spielen in Vollkommenheit.

Wo finden solche Spiele statt? Nicht im Konzertsaal, nicht auf einer Bühne. Man muss sich Spielorte für diese Spiele suchen. Aus dieser Verlegenheit ergibt sich der Titel dieses

Abschnitts – Sie hatten sich vielleicht schon gewundert: »Im Workshop«. Jetzt wissen sie, um welche Workshops es sich handelt – um Improvisationsworkshops aller Art.

Am Spieltisch: Der Charme der Kartenspiele

Glücksspiele sind ein heikles Feld. Sie sind die bedrohteste Gattung der Spielwelt. Denn sie bieten sich nachgerade an, vom kommerziellen und ökonomischen Denken vereinnahmt oder kolonialisiert zu werden. Es liegt so nahe, Glücksspiele um Geld zu spielen. Und hat man sich einmal dafür entschieden, geschieht es schnell, dass nur noch der Gewinn zählt, den man vom Spieltisch oder aus dem Kasino mit nach Hause nimmt, während Spielverlauf und Spielgeschehen nebensächlich werden. Wo das geschieht, geht die Freiheit der Spielwelt verloren – die Freiheit, die ja wesentlich darin besteht, dass das Spielgeschehen keinem Nutzen oder Zweck unterworfen ist, der außerhalb des Spiels von Belang wäre. Die Glücksspieler im Kasino stehen unter Stress. Sie sind besorgt, sie machen Pläne, sie arbeiten, machen Geschäfte – oder auch nicht; aber in jedem Fall wollen sie Gewinn machen. Dabei sind sie nicht bei der Sache, sind nicht im Spiel. Sie tun nur so, als spielten sie. Und das ist die Gefahr, die sie am Ende in die Spielsucht treibt.

Dass es auch anders geht, erkannten wir, als wir an den Roulettetisch traten und dabei eine Glücksspielinszenierung in Augenschein nahmen, die den Kriterien echter und authentischer Spiele genügt. Aber nicht jedermann geht gerne in die Spielbank. Nicht jeder hat das Geld dazu – denn über das muss man beim Roulette verfügen: Man kann dieses Spiel nur dann spielen, wenn es am Tag danach nicht wichtig ist, ob man gewonnen oder verloren hat.

Lenken wir unseren Blick deshalb auf eine andere Spielart – eine, die allen offensteht und die sich immer noch einer gewissen Popularität erfreut: die Kartenspiele. Die meisten Kartenspiele sind keine reinen Glücksspiele, weil sie den Spielenden ein hohes Maß an strategischem Geschick und Können abverlangen. Und doch ist ihnen die Glücksspielkomponente durchweg eingezeichnet; allein deshalb, weil am Anfang die Karten gemischt werden und es deshalb Zufall, ja Schicksal ist, welche Karten die Spieler schließlich in der Hand halten. Mit diesem »Wink des Schicksals« beginnt das Spiel. Die spannende Frage ist nur, was man damit anfängt. Und dafür gibt es Tausende von Möglichkeiten – und Tausende von Spielregeln, die diese Möglichkeiten hervorbringen, seien es die von *Rommé, Skat, Canasta, Mau-Mau, Doppelkopf, Bridge* oder was auch immer.

Kartenspiele sind für gewöhnlich echte Spiele, obschon auch sie dadurch gefährdet sind, dass man um Geld spielt. Auf diese Weise kolonialisiert der Geist der Wirtschaft selbst noch die schönsten Kartenspiele. Man kann sie alle – außer vielleicht Poker – aber auch ohne den Einsatz von Geld spielen. Man kann ihre spielerische Unschuld bewahren. Und dann entfalten sie als Mischformen von Glücks-, Wettkampf- und Geschicklichkeitsspielen ihren Zauber, bei dem übrigens auch der Darstellungsaspekt nicht zu kurz kommt, zeigt sich bei ihnen doch nicht nur, wer am Spieltisch gerade das Glückskind ist: Man hat es dort auch schon erlebt, dass Menschen eine Seite von sich offenbarten, die man an ihnen bislang gar nicht kannte – im Guten wie im Bösen ...

Ein reines Glücksspiel ist die *Patience*. Sie kennen das vielleicht: Man mischt die Karten, legt sie nach einer bestimmten Regel – teils verdeckt, teils offen – auf dem Spieltisch aus und hat dann die Aufgabe, sie – erneut nach einer bestimmten

Regel – aufzudecken und anzulegen, bis die Patience »aufgegangen« ist – oder eben nicht. Die meisten dieser Spiele werden allein gespielt: als *Solitaire*. Es gibt aber auch Formen, bei denen zwei Spieler zusammen ihr Glück auf die Probe stellen. Zu diesen Spielformen gehört die *Sympathie-Patience*. Bei ihr geht es darum, dass die Spieler abwechselnd ihre Karten aufdecken und ablegen. Gelingt das Spiel, geht die Patience auf, dann – so die charmante Grundidee – haben die Spieler nicht nur Glück gehabt, sondern es zeigt sich außerdem, dass sie sich sympathisch sind: ein Orakel der besonderen Art, das überraschenderweise nie langweilig wird. Denn zum einen möchte man wieder und wieder wissen, ob man sich wirklich sympathisch ist, zum anderen ist der Spielraum so groß und der Ausgang in einem solchen Maße offen, dass die Spieler sich während des Spiels frei fühlen, obwohl sie in Wahrheit vollkommen vom Glück oder Unglück des Mischens und Auslegens der Karten abhängig sind. Ein reines Glücksspiel, das allen Spielkriterien genügt: Es lässt die Spielenden einander begegnen, es öffnet ihnen Freiräume, es genügt sich selbst, es bringt etwas ans Licht – so oder so.

Am Spielbrett:
Der Charme der Gesellschaftsspiele

Wettkampfspiele haben keinen guten Ruf. Vor allem nicht bei Pädagogen und Freunden der »gewaltfreien Kommunikation«. Die Spiellogik als solche steht unter Verdacht, weil sie Gewinner und Verlierer generiert. Und das gilt mancherorts als unmoralisch oder zumindest dem Wohlergehen von Kindern hinderlich. In sonderbarem Kontrast dazu steht freilich der Umstand, dass Kinder Wettkampf- und Gewinnspiele lieben, Jungen vielleicht noch mehr als Mädchen. Wer wäre nicht schon einmal bei einem Kindergeburtstag Zeuge der Begeisterung gewesen, die Kinder an den Tag legen, wenn sie beim Sackhüpfen um Ruhm und Ehre ringen. Natürlich fließen beim Verlierer häufig Tränen, gelegentlich kommt es zu wüsten Zornesausbrüchen. Wer aber sagt uns, dass das schlecht ist? Sind Tränen oder Zorn nicht manchmal besser als eine coole, fühllose Teilnahmslosigkeit, als eine gewaltfreie, aber leidenschaftslose und lebendigkeitslose Distanziertheit? Sie sehen schon, wohin die Reise geht: Wir finden Wettkampfspiele gut. Wir meinen, dass auch sie es wert sind, gerettet zu werden – ja, dass man sie womöglich vor den Verdächtigungen derer retten muss, die es zwar gut meinen, dabei aber nicht zwangsläufig auch das Gute tun.

Das Feld der Wettkampfspiele ist riesig: Es reicht vom Schachbrett bis zum Bolzplatz, vom Boxring bis zur Autorennbahn, von *Mensch ärgere Dich nicht* bis zu *Räuber und Gendarm*, vom Centre-Court bis zum Fechtparkett. Fast alle dieser Spiele verbinden unterschiedliche Spielweisen, sind Mischformen aus Glücksspielen und Geschicklichkeitsspielen, aus Wettspielen und Schauspielen. Das liegt auch darin, dass man jedes Spiel in ein Wettkampfspiel konvertieren kann, wenn man nur den richtigen Kontext schafft: Bei *Wetten, dass ...?* kämpften Geschicklichkeitsspieler gegeneinander, beim *Eurovision Song Contest* kämpfen Musikspieler gegeneinander, bei internationalen Pokerturnieren spielen Glücksspieler gegeneinander. Wir sahen schon, dass es in unserer vom ökonomischen Denken beherrschten Welt eine naheliegende Versuchung ist, die Logik des Wettkampfspiels in andere Spielwelten zu importieren.

Reine und echte Wettkampfspiele finden am ehesten im Sport statt: Boxen oder Fechten, Ringen oder Judo gehören hierhin, obgleich auch dort immer eine gehörige Portion Geschicklichkeit mit im Spiel ist. Beim Tauziehen oder Armdrücken als höchst archaischen Formen des Kampfspiels ist das anders. Dagegen ist nichts einzuwenden. Ein reines Kampfspiel ist auch Schach. Unübersehbar ist die Herkunft aus dem Kriegsspiel, das die Kommandeure militärischer Verbände führten. Das Spielbrett ist ein Schlachtfeld, und es geht darum, dass sich im Spielverlauf erweist, wer die Schlacht gewinnt. Kein Glück – wie bei *Mensch ärgere Dich nicht, Risiko, Monopoly* oder überall da, wo gewürfelt wird – mengt sich ins Spiel. Es gibt ein klares Regelwerk, das eine schier unendliche Fülle von Spielzügen zulässt, was dazu führt, dass sich der Reiz des Spiels niemals erschöpft. Der Mitspieler ist Gegenspieler, zweifelsohne, und doch sind beide intensiv verbunden. Das Schachspiel ist ein echtes Spiel. Vor allem dann, wenn es zwischen zwei leibhaftigen Spielern, die einander als Du begegnen können, und nicht mit einem Computer gespielt wird. Und besonders schön ist es, wenn dies im öffentlichen Raum geschieht – etwa in Argentinien, wo sich große Menschentrauben um öffentliche Schachbretter scharen und Dutzende von zuschauenden Mitspielern dem Spiel beiwohnen.

Doch auch das einfache Gesellschaftsspiel daheim am Küchentisch ist aller Ehren wert. Ihm sei zuletzt gehuldigt, denn auch wenn nicht alle diese Spiele wirklich toll sind, so führen sie doch Menschen zusammen, öffnen ihnen einen freien Spielraum, entreißen sie der alltäglichen Welt der Sorge und des instrumentellen Denkens, erlauben ihnen, Gefühle und Emotionen zu zeigen, die im Alltag oft verschüttet sind – und machen einfach Freude, egal ob man verliert oder gewinnt. Diese Inseln der Lebendigkeit sollten wir uns nicht nehmen lassen. Im Gegenteil: Wir sollten sie als Keimzellen für eine spielerische Kultur nutzen – als Reservate des *Homo ludens,* in denen er die Kraft gewinnt, der totalen Kolonisation des Lebens durch den *Homo oeconomicus* zu widerstehen.

LEINEN LOS UND AUF IN DIE FREIHEIT!

VON DER SPIELERISCHEN LEBENSKUNST

Warum wir eine Kultur spielerischer Lebenskunst brauchen

Noch ist es nicht zu spät. Noch immer gibt es sie, die Inseln der Lebendigkeit, auf denen auch in unserer gegenwärtigen, hektischen und funktional durchorganisierten Welt Menschen einander mit leuchtenden Augen begegnen, wenn sie vom Zauber des zweckfreien Spielens erfasst werden. Und wir haben ja gesehen, dass sich auch schon vor unserer Zeit Menschen überall auf der Welt, selbst unter katastrophalen Bedingungen, immer wieder solche Inseln geschaffen haben. Möglicherweise ist das Spiel also ein ähnliches Phänomen wie die Liebe: Ständig in Gefahr, missbraucht zu werden, und doch unausrottbar, in jeder Generation wieder neu aufkeimend, bisweilen auch traurig verkümmernd, aber irgendwann doch wieder zu voller Blüte erwachend und ihren Zauber entfaltend, sobald sich die Menschen wieder auf die Suche nach ihr machten und ihren Zauber zu entdecken bereit waren. Damit die Liebe gedeihen kann, sagen uns die Poeten und die Weisen, sollten wir sie wie eine zarte Pflanze mit allem versorgen, was sie zum Wachsen braucht, und sie davor schützen, von schnellwüchsigem Unkraut überwuchert zu werden. Es braucht eine Kultur der Liebe. Mehr ist nicht nötig, damit die Liebe gedeihen kann. Und so ist es auch mit dem Spiel.

Die Fähigkeit zu lieben und die Freude am spielerischen Entdecken bringen wir alle schon bei unserer Geburt mit auf die Welt. Jedes Kind möchte sich mit seinen Eltern verbunden fühlen und so, wie es ist, von ihnen angenommen, geliebt werden. Nur wenn dieses tiefe Grundbedürfnis gestillt ist, macht es sich auf den Weg. Dann erwachen seine Entdeckerfreude und seine Gestaltungslust, und es beginnt zu spielen. Aus sich heraus, ganz von allein, fängt es an, die Welt spielerisch zu erkunden. Und mit jeder neuen Entdeckung, die es dabei macht, wächst es ein Stück weit über sich hinaus, lernt Neues hinzu, erwirbt eigene Fähigkeiten und Fertigkeiten, erschließt sich seine kleine geschützte Lebenswelt und erlebt sich als jemand, der sich immer besser in dieser Welt zurechtfindet und sich immer weiter in die große Welt hinauswagen kann. Das ist der Weg, auf dem jeder Mensch zunehmend selbständiger wird und damit auch immer freier. Deshalb entwickeln auch alle Kinder in dieser frühen Phase das Gefühl, jemand zu sein, der etwas bewirken, etwas erkennen, etwas gestalten kann. Kein Objekt zu sein, mit dem etwas gemacht wird, sondern ein Subjekt, das zumindest etwas und später zunehmend mehr zu machen und zu erlernen imstande ist. All das geschieht von ganz allein, aber eben nur, solange sich ein Kind mit seinen jeweiligen Bezugspersonen verbunden und bei ihnen sicher und geborgen, von ihnen angenommen und geliebt fühlt.

Solche Kinder mögen sich dann auch selbst, für sie ist die ganze Welt ein aufregender Spielplatz, und sie würden wohl auch nie aufhören, frei und unbekümmert zu spielen, wenn ... ja, wenn sie nicht irgendwann erleben müssten, dass sie durch Mama, Papa oder eine andere Bezugsperson, mit der sie sich emotional verbunden fühlen, zum Objekt von deren Erwartungen, Bewertungen, Maßregelungen oder anderen Maßnahmen ihrer »Erziehung« gemacht werden. Dann nämlich erlebt sich ein Kind nicht mehr als geliebt und in seiner Einzigartigkeit als Subjekt angenommen. Das bringt sein Gehirn und die dort bisher so harmonisch aufgebauten neuronalen Netzwerke und die aufeinander abgestimmten Erregungsmuster in einen Zustand massiver Inkohärenz. Dann kommt dort so ziemlich alles durcheinander, was bisher gut zueinander gepasst hat. Dann hat das Kind ein Problem, das es selber nicht lösen kann, das aber gelöst werden muss, damit der damit einhergehende Schmerz aufhört. Spielerisch die Welt und seine eigenen Möglichkeiten weiter erkunden kann unter diesen Bedingungen kein Kind mehr.

Alle Kinder brauchen die lebendige Begegnung mit diesen anderen, ihnen wichtigen Personen von Subjekt zu Subjekt. Die Beziehungsform, die eine solche Begegnung am besten ermöglicht, nennen wir »Liebe«. Und diese ist eng mit unserer Spielfreude verbunden: Inseln der Lebendigkeit, wie wir sie auch noch als Erwachsene im Spiel entdecken, entpuppen sich nicht selten als Inseln der Liebe.

Nachdem wir die Grundsignaturen echter Spiele ermittelt haben, wissen wir auch, woran wir Maß nehmen sollten, um Spielfelder so anzulegen, dass das Unkraut unsere Inseln der Lebendigkeit nicht überwuchert. Wir brauchen eine Kultur des Spielens: eine Kultur der spielerischen Lebenskunst.

Eine solche Kultur spielerischer Lebenskunst ist mehr als eine lose Ansammlung versprengter Inseln der Lebendigkeit. Sie ist auch mehr, als nur gelegentlich eines der schönen Spiele mitzuspielen, von denen im vorigen Kapitel die Rede war. Es geht dabei vielmehr um eine spielerische Grundhaltung zum Leben, die jene Qualitäten kultiviert, die allen echten Spielen innewohnen: ein freies Miteinander, bei dem die

Menschen einander nicht instrumentalisieren, bei dem sie nicht geleitet sind von Strategien und Kalkülen, nicht dominiert von der instrumentellen Vernunft, die alles nur nach ihren Parametern misst: nach Effizienz, Produktivität, Profitabilität, Funktionalität. Es geht um eine Grundhaltung zum Leben, die sich aufs Spiel zu setzen wagt, sich offenhält für neue Horizonte und ungeahnte Perspektiven, die den Mut aufbringt für Kokreativität und ungewöhnliche Lösungen. Und das nicht nur dort, wo im engeren Sinne gespielt wird, sondern auch in den vorderhand spielfernen Regionen unserer Lebenswelt. Es geht also – mit anderen Worten – um eine *Ausweitung der Spielzone*: aus den Spielzimmern hinaus in die Welt und aus der Kindheit in das reife Leben von Erwachsenen. So wie es Friedrich Nietzsche auf die Formel brachte, als er schrieb: »Reife des Mannes: das heißt, den Ernst wiederzufinden, den man als Kind hatte; beim Spiel.«[98]

Bei Nietzsche haben wir die Idee einer spielerischen Lebenskunst bereits vorgefunden. In etwas anderer Form fanden wir sie auch bei Platon, der seinen Lesern empfahl, das eigene und gesellschaftliche Leben als eine unablässige Folge schöner Spiele zu begehen. Auch Friedrich Schiller hatte Ähnliches im Sinn, wo er in seinen Briefen *Über die ästhetische Erziehung des Menschen* ein Programm der Menschwerdung auf dem Weg des Spielens beschrieb. Denn der Mensch, so lässt sich frei nach Schiller sagen, wird nur dann zum Menschen, wenn er spielt.

Bleiben wir für einen Moment bei Schiller und erinnern uns daran, dass er sein Programm der ästhetischen Erziehung als eine Art Sozialtherapie präsentierte. Sie war adressiert an eine Öffentlichkeit, hinter deren Kulissen sein hellsichtiger Geist bereits die fragwürdigen Signaturen eben jener Moderne auszumachen wusste, deren Pathologien heute überall sichtbar sind, wo nacktes Gewinnstreben das Denken und Handeln der Menschen bestimmt. Klar sah Schiller die drohende Tyrannei der instrumentellen Vernunft, deren fortgeschrittenes Stadium uns heute zu schaffen macht: »Der Nutzen ist das große Ideal der Zeit, dem alle Kräfte frohnen und alle Talente huldigen sollen«[99], notierte er. Und ebenso klar erkannte er den für den heutigen, vom Ökonomismus geprägten Menschen so charakteristischen »Egoism«, der die Erosion von Verbundenheit und Verbindlichkeit bei gleichzeitigem Verlust von Empathie und emotionaler Intelligenz bewirkt:

> Stolze Selbstgenügsamkeit zieht das Herz des Weltmanns zusammen [...] und wie aus einer brennenden Stadt sucht jeder nur sein elendes Eigentum aus der Verwüstung zu flüchten. Nur in einer völligen Abschwörung der Empfindsamkeit glaubt man gegen ihre Verirrungen Schutz zu finden, und der Spott, der den Schwärmer oft heilsam züchtigt, lästert mit gleich wenig Schonung das edelste Gefühl.[100]

Damit nicht genug: Schiller erkannte auch die Unmöglichkeit freier, kokreativer Potenzialentfaltung infolge von Spezialisierung und Partikularisierung einer nach Funktionalitätsgesichtspunkten durchorganisierten Arbeitswelt:

> Ewig nur an ein einzelnes kleines Bruchstück des Ganzen gefesselt, bildet sich der Mensch selbst nur als Bruchstück aus; ewig nur das eintönige Geräusch des Rades, das er umtreibt, im Ohre, entwickelt er nie die Harmonie seines Wesens, und anstatt die Menschheit in seiner Natur auszuprägen, wird er bloß zu einem Abdruck seines Geschäfts, seiner Wissenschaft.[101]

Schiller diagnostizierte sogar schon den Welt- und Realitätsverlust des *Homo oeconomicus* bei gleichzeitiger Tendenz, die ganze Welt nach seiner Maßgabe zu konvertieren.

> Der Geschäftsgeist, in einen einförmigen Kreis von Objekten eingeschlossen und in diesem noch mehr durch Formeln eingeengt, mußte das freie Ganze sich aus den Augen gerückt sehen und zugleich mit seiner Sphäre verarmen [...]. [So verfiel er darauf], alle Erfahrung überhaupt nach einem besonderen Fragment von Erfahrung zu schätzen und die Regeln seines Geschäfts jedem Geschäft ohne Unterschied anpassen zu wollen.[102]

Das alles kommt einem zu Beginn des 21. Jahrhunderts auf erschütternde Weise bekannt vor. Also sind wir gut beraten, die Ohren offen zu halten, wo Schiller ebenfalls mit großer Klarheit die Kur entwirft, mit der er jenen pathologischen Entwicklungen der vom instrumentellen Denken beherrschten Moderne zu Leibe rücken möchte: Schönheit und Spiel sind ihm die Säulen, die nicht nur »das ganze Gebäude der ästhetischen Kunst«, sondern auch der »noch schwierigeren Lebenskunst tragen«,[103] wie er sagt, »weil es die Schönheit ist, durch welche man zu der Freiheit wandelt«[104]. Spielerische Lebenskunst also auch hier: als Therapeutikum gegen Unfreiheit, Bindungslosigkeit, Verflachung und Verlust authentischer Lebendigkeit – alles Symptome, die in der Gegenwart um sich greifen. Fragt sich nur, wie unter den Bedingungen unserer heutigen Lebens- und Arbeitswelt eine Lebenskunst geübt werden kann, die dem Ernst des Lebens mit spielerischer Leichtigkeit und heiterem Ernst begegnet.

Weshalb die spielerische Lebenskunst keine Technik ist

Bevor wir einige Vorschläge dafür unterbreiten, wie eine Kultur der spielerischen Lebenskunst aussehen könnte und wo sie zur Anwendung gebracht werden kann, müssen wir kurz innehalten, um mögliche Missverständnisse abzuwehren. Wir haben das Thema bereits angesprochen, als wir im zweiten Kapitel das Spielverständnis Friedrich Nietzsches erörterten. Dort fiel uns auf, dass Nietzsche zwar das Spiel ins Zentrum der von ihm gelehrten Lebenskunst rückt, es dabei jedoch auf signifikante Weise verfremdet. Denn da, wo Nietzsches Lebenskünstler spielt, geht es ihm einzig um sich selbst; es geht ihm darum, sich in dieser Welt zu zeigen und zu behaupten. Die Spiele, die Nietzsches Lebenskunst empfiehlt, sind letztlich Machtspiele – bewegt von dem Impuls, sich selbst zur Darstellung zu bringen. Es gibt in diesen Machtspielen kein spielerisches Miteinander; die für die echten, freien Spiele unverzichtbaren Mitspieler tauchen allenfalls am Rand auf. Die Lebenskunst von Nietzsche gleicht bei näherer Betrachtung eher einer Technik oder einer Methode als einer Kunst oder einem Spiel. Sie hat eine Tendenz zu einer Selbstbehauptungs- oder Selbstoptimierungstechnik. Sie ist keineswegs frei von instrumenteller Vernunft. Vielmehr lädt sie dazu ein, sich andere Menschen dienstbar zu machen und dem eigenen Willen zur Macht zu unterwerfen.

Der technisch-instrumentelle Charakter der von Nietzsche entworfenen Konstruktion verbietet deshalb, sie als mögliches Paradigma der von uns vorgeschlagenen Kultur spielerischer Lebenskunst anzusehen. Gleiches gilt für manche Ansätze zeitgenössischer Lebenskunstphilosophie wie etwa dem des Philosophen Wilhelm Schmid. Wenn Schmid den »existenziellen Imperativ« ins Zentrum seiner philosophischen Lebenskunst rückt, der da lautet: »Gestalte dein Leben so, dass es bejahenswert ist«,[105] dann spricht daraus gerade nicht der Geist des *Homo ludens,* sondern der Geist des *Homo faber.* Denn der spielende Mensch ist kein Macher und Gestalter seines Lebens. Er ist nicht einer, dem es darum geht, in »Selbstmächtigkeit«, wie Schmid es nennt, »sich ein schönes Leben zu machen«.[106] Stattdessen ist er einer, der darauf vertraut, sich gerade darin als bejahenswert zu erleben, dass er sich aufs Spiel setzt und mit anderen im Spiel bleibt; einer, der weiß, dass er im Spielgeschehen zu dem wird, der er sein kann – und dass die Schönheit seines Lebens nicht das Produkt seiner selbstmächtigen Kunstfertigkeit ist, sondern die Frucht authentischer Spiele mit anderen Mitspielern.

Eine zeitgemäße und zukunftsfähige spielerische Lebenskunst ist keine Selbstverwirklichungstechnik oder Selbstbehauptungsmethode, bei der man mit anderen »seine Spielchen spielt«. Ganz im Gegenteil: Sie ist das Wagnis, sich auf das ernste Spiel des Lebens einzulassen, um im Zusammenspiel mit der Welt und im spielerischen Miteinander mit anderen Menschen die Bejahbarkeit und Schönheit des Lebens zu feiern.

Was unterscheidet eine Kunst von einer Technik? Eine Kunst stellt nicht *her*, sondern sie stellt *dar*. Wobei jeder Kunst schaffende Mensch weiß, dass dasjenige, was in ihr zur Darstellung kommt, seiner Verfügbarkeit und Macht entzogen ist. Er kennt die Erfahrung, dass der kreative Prozess immer eine Reise mit ungewissem Ausgang ist. Das »Werk«, das schließlich im Prozess zutage tritt, ist weniger gemacht als vielmehr getroffen. Es kommt zum Vorschein, spielt sich ein oder auch zu. Es steht nicht in der Macht des Künstlers oder der Künstlerin. So wenig, wie das Spielergebnis in der Verfügbarkeit des

Spielers steht: »In der Darstellung des Spieles«, so Hans-Georg Gadamer, der viel über den Zusammenhang von Spiel und Kunst geforscht hat, »kommt heraus, was ist. In ihm wird hervorgeholt und ans Licht gebracht, was sich sonst ständig verhüllt.«[107]

Aus diesem Grunde bleiben Kunstschaffende zurückgebunden an das, was sich in ihrer Arbeit zeigen soll. Sie stellen sich unter dessen Zuspruch oder Anspruch. Und was sie schaffen, ist die Antwort, die sie diesem Zuspruch oder Anspruch geben. Ein Beispiel: Ein Dichter ist von einer Frühlingsnacht berührt. Die Stimmung dieser Nacht spricht ihn an, sie spricht ihm zu. Er greift darauf zu Stift und Notizbuch und schreibt einige Zeilen, mit denen er auf seine Weise Antwort gibt auf das, was ihn da anspricht. In diesem Sinne ist seine Kunst *anspruchs*voll – wie jede wirkliche Kunst. Und sie ist *verantwortungs*voll, sofern unser Dichter sich als Dichter in der Verantwortung sieht, mit seiner Dichtung dem Antwort zu geben, was sich ihm zuspricht. Sein Dichten ist, mit einem Wort, ein *dialogisches Geschehen* – ein Spiel, das sich zwischen dem Dichter und dem von ihm zu Wort gebrachten Aspekt der Wirklichkeit abspielt. Nicht anders ist es beim Maler, der mit seinen Farben und Formen dem Antwort gibt, was ihn anspricht; oder beim Musiker, der mit seinen Kompositionen dem antwortet, was ihn berührt. So können wir verallgemeinernd sagen: Die Kunst ist ein Miteinanderspielen, in dessen Spielverlauf sich etwas zeigt. Und dieses Etwas, das sich zeigt, ist kein Produkt, nicht der gewollte Output einer Produktion, nicht das erreichte Ziel instrumentellen Handels. Es ist von anderer Art. Aber was?

Gadamer nennt das Erzeugnis künstlerischen Spielens ein »Gebilde«: etwas Eigenständiges, worin sich ein Spiel »in der Einheit seines Ablaufs voll aussagt«.[108] Aber dieses Aussagen geschieht beim Kunstwerk nun gerade nicht im Sinne eines

Monologs, bei dem der Künstler oder Lebenskünstler sein Produkt erzeugt und dieses bejaht. Vielmehr ist das Aussagen ein dialogisches Geschehen, eine Konversation, bei der sich Künstler und Werk so aufeinander einspielen, dass sich Zug um Zug, Satz auf Satz, Strich um Strich etwas Sinnvolles und Bejahbares zeigt. Nicht dass er etwas herstellt oder produziert, über das er auch sonst verfügen könnte, macht den Künstler zum Künstler, sondern dass er sich auf das kreative Spiel zwischen ihm und seinem Werk einlässt und es so lange mitspielt, bis etwas Stimmiges zum Vorschein kommt. Im Falle unseres Dichters lässt sich das so beschreiben: Er gewahrt diese einmalige Abendstimmung. Er lässt sie auf sich wirken und ringt um die passenden Worte. Er versucht dies und das, er streicht durch und korrigiert, schaut wieder hin, fühlt sich ein. So geht es hin und her, bis der magische Moment gekommen ist, an dem er weiß: So stimmt es! In diesem Augenblick hat er sich eingespielt und das, was sich in seinen Worten zeigen wollte – oder zeigen sollte –, kommt zur Sprache. In diesem Augenblick ist das Spiel der Dichtung geglückt. Etwas ist hier zu Wort gekommen, das außerhalb des Spiels der Dichtung nie zu Wort gekommen wäre. Der Künstler hat *es* nicht gemacht und auch nicht produziert, er hat *es* allenfalls getroffen, indem er sich auf jene Abendstimmung eingespielt hat. Herausgekommen ist dabei das Gebilde eines schönen Gedichts – gebildet im Wechselspiel von Dichter, Wort und jener Abendstimmung, die zu ihm sprach wie ein Du.

Was ist es, das sich in der Lebenskunst im kreativen Miteinanderspielen einspielt? Nun, wir selber sind es. Als Lebensspielkünstler begeben wir uns in Spielräume und Spielzeiten, die wir mit anderen teilen. Wir zeigen uns, doch nicht im Sinne einer Selbstdarstellung (das eben wäre die technisch-instrumentelle Lebenskunst im Anschluss an Nietzsche). Wir zeigen uns, indem wir uns im spielerischen Miteinander als das »Gebilde« *mitteilen*, das wir selbst sind, oder genauer: indem wir im spielerischen Miteinander überhaupt erst zum Gebilde werden – zur *lebenden Gestalt*, wie Schiller die schönen Erzeugnisse der Kunst nannte.

In der wechselseitigen Mitteilung, im dialogischen Miteinander des Lebenskunstspiels, teilt sich zuallererst mit, wer wir sind. Nicht so, als ob es bereits die Blaupause unseres Lebens gäbe – auch nicht in unserem Willen oder unserer Phantasie –, dergemäß wir uns entwerfen und herstellen könnten. Wir werden erst zu denen, die wir sein könnten: im kokreativen Zusammenspiel echter dialogischer Mitteilung, bei dem wir unsere Mitspieler nicht für unsere Belange instrumentalisieren oder als unsere Konkurrenten bekämpfen, sondern uns ihnen rückhaltlos zeigen und als Partner kokreativer Spielverläufe anerkennen.

So macht die von uns vorgeschlagene Kultur spielerischer Lebenskunst Ernst mit dem Wort Martin Bubers, wonach der Mensch allein am »Du zum Ich«[109] wird. Und damit, dass sich dies im dialogischen Raum des »Zwischenmenschlichen« ereignet, »dessen Sinn sich weder in einem der beiden Partner noch in beiden zusammen findet, sondern nur in diesem ihrem leibhaften Zusammenspiel, diesem ihrem Zwischen«.[110] Ein solches »Zwischen« öffnet sich im Spiel der Kunst, von dem Gadamer mit gutem Grund sagt, es sei »ein durch die Jahrtausende hindurch immer aufs Neue vor uns auftauchender Spiegel, in dem wir uns selber erblicken – oft unerwartet genug, oft fremdartig genug, wie wir sind, wie wir sein könnten, was es mit uns ist«.[111] Gleiches geschieht im Spiel der Lebenskunst.

Das Wunderbare dabei ist, dass im Verlauf des Lebens nicht nur die einzelnen Spieler als Lebenskünstler ihre Potenziale frei entfalten und ihr eigenes Wesen darstellen können, sondern dies darüber hinaus in einem Bewusstsein inniger Verbundenheit tun. Lebenskunstspieler sind einander verbindlich. Indem sie sich miteinander aufs Spiel setzen, formiert sich zwischen ihnen ein Geist der Zugehörigkeit. Mithin ist die spielerische Lebenskunst, um die es uns geht, keine Privatangelegenheit, sondern ein gesellschaftliches Projekt. Sie stiftet einen Sinn für Zugehörigkeit. Sie knüpft ein Band zwischen den Menschen. Wo wir die Kunst erlernen, frei von Kalkül und Berechnung, frei von Nützlichkeitserwägungen und Zwecksetzungen, frei von »Was hab ich davon?« und »Was bringt mir das?« mit anderen Menschen ins Gespräch zu kommen, da bildet sich der Mutterboden, auf dem eine echte Kultur des Miteinanders gedeihen kann.

So lässt sich im Anschluss an Gadamer eine spielerische Lebenskunst formulieren, deren Weisheit darin besteht, sich immer wieder auf das Spiel des Lebens einzulassen, indem man sich in der Begegnung mit anderen aufs Spiel setzt. Sich Mitspieler und Gegenspieler zu suchen, die einem liebsame und unliebsame Wahrheiten über sich selbst zuspielen und die den Ernst aufbringen, gemeinsam zu verbindlichen Einsichten darüber gelangen zu wollen, was das gute Leben ist, darum geht es in der spielerischen Lebenskunst. Wo diese Lebenskunst gelingt, ist das Leben ein wahres Kunstwerk: ein einmaliges und schönes Gebilde, das etwas zeigt, was es auf diese Weise noch nie gab.

Die spielerische Lebenskunst wird niemals fertig. Das Spiel geht immer weiter: Es kommen neue Mitspieler hinzu, die neue Spielräume erschließen, in denen neue Perspektiven geöffnet und neue Potenziale entfaltet werden können. Die Weisheit des *Homo ludens* besteht deshalb darin, sich immer wieder neu aufs Spiel zu setzen: niemals zu glauben, fertig zu sein, und niemals zu glauben, abschließend über eine Fertigkeit und Technik zu verfügen, sondern zu wissen, dass das Spiel des Lebens immer weitergeht und immer neue Spielzüge erfordert – mit immer neuen Mit- und Gegenspielern.

Welche Voraussetzung für eine spielerische Lebenskunst erfüllt sein muss

Die große Frage ist nun aber: Wie gelingt es, dem Diktat der instrumentellen Vernunft und Zweckrationalität zu entkommen? Wie wird der Paradigmenwechsel aus der Welt der Zwecke und des Nutzens hin zum zweckfreien, selbstgenügsamen Spiel möglich? Wie kann ich es anstellen, mein Gegenüber als Mitspieler und nicht als Konkurrenten zu erfahren? Wie wird aus meinem Willen zu Macht und Selbstbehauptung der Wille zum Spiel – wie aus der Lebenstechnik eine Lebenskunst?

Die Antwort ist ganz einfach: indem ich spiele – bewusst spiele. Die völlige Selbstvergessenheit wiederzufinden, die wir als Kinder noch besaßen, dürfte im Erwachsenenalter nur dann möglich sein, wenn es uns gelingt, die magische Demarkationslinie zu ziehen, die Spielräume und Spielzeiten definiert, in denen wir uns dem Spiel überlassen können: uns ganz im Spiel zu verlieren und dabei doch zu wissen, dass es »nur« ein Spiel ist; uns dem Spiel vollkommen hinzugeben und dabei doch in der Lage zu sein, dann wieder die Demarkationslinie zu überschreiten und dem eigenen Spiel aus der Rolle des Zuschauers beizuwohnen, mal auf der Bühne und mal auf der Tribüne. Diese Kunst des Wechsels der Perspektive auf das eigene Leben ist es, die ein spielerischer Lebenskünstler erworben hat und die beherrschen muss, wer es in der spielerischen Lebenskunst zur Meisterschaft bringen möchte. Sie zeigt sich als ein Verhalten, dem eine innere Einstellung, eine Haltung zugrunde liegt, die es ermöglicht, den entscheidenden Rollenwechsel zu vollziehen: Ich bin nicht (nur) Politiker oder Putzhilfe, nicht nur Krankenpfleger oder Controllerin, ja nicht nur Künstler. Es ist nicht gleich um mich geschehen, wenn ich eine Wahl verliere oder nicht den besten Preis für ein Produkt erziele.

Es gibt auch noch ein Leben jenseits dieser Rollen, mit denen ich mich nicht vollständig identifizieren darf, um spielerisch dem Leben zu begegnen. Es gibt da etwas in mir, nennen wir es »Selbst«, das meinem Ich bei seinen vielen Spielen zusieht, sich daran freut und doch am Ende weiß, dass ihm das Spielergebnis keinen Grund zur Sorge geben muss. Nur wenn ich davon überzeugt bin, dass dieses Selbst mein Leben trägt, kann ich in unterschiedliche Rollen schlüpfen – im Wissen und Vertrauen darauf, dass alles, was mir widerfährt, dem Wachstum und der Reife dieses Selbst dient, das sich um das Spielergebnis deshalb auch nicht sorgen muss, das deshalb angstfrei spielen kann und angstfrei seinen Mitspielern jeweils als Du begegnen darf. Genau das aber kann mir nur gelingen, wenn ich bei all den vielen Rollen, die ich angenommen habe, nicht völlig mit meinem Tun identifiziert bin und mein Lebensglück oder Seelenheil nicht vom Erreichen der jeweils in ihnen gesetzten Ziele abhängig mache. Kenne ich kein Jenseits meiner Rollen, vertraue ich nicht auf mein Selbst jenseits des Spielfeldrandes, dann bleibt mir wohl kein anderer Weg, als mithilfe der instrumentellen Vernunft fokussiert, effizient und strategisch klug auf meine jeweiligen Ziele loszumarschieren – mit hohem Energieaufwand, ohne spielerische Leichtigkeit, nicht selten ängstlich.

Bin ich mir jedoch bewusst, dass mein eigentliches Selbst wächst und gedeiht, indem es sich immer aufs Neue auf das

Spiel des Lebens einlässt, immer neue Rollen zulässt und spielerisch erprobt, dann kann ich die spielerische Leichtigkeit des Seins erleben. Ich habe dann eine innere Haltung entwickelt, die es mir erlaubt, den anderen als Mitspielern zu begegnen. So wird es möglich, dass sich spielerisch der freie Raum des Zwischenmenschlichen öffnet, in dem mich Kreativität, Lebendigkeit und Lebensfreude erwarten.

Eine Kultur der spielerischen Lebenskunst umfasst all die vertrauten Spiele – die Inseln der Lebendigkeit, von denen wir schon sprachen. Sie alle sind dazu geeignet, den *Homo ludens* in uns stark zu machen. In ihnen lernen wir, uns für die Dauer eines Spiels und im konkreten Spielraum von uns selbst zu distanzieren, und zugleich, uns selbst ins Spiel zu bringen, unsere Potenziale zu entfalten. In ihnen lernen wir auch zu verlieren und zu gewinnen. In ihnen schulen wir unseren Sinn fürs Spiel und lernen, mit eben jenem Lächeln auf unser Spiel zu blicken, das den ernstheiteren Menschen der alten Griechen auszeichnet, den sie als Ideal des Meisters spielerischer Lebenskunst verehrten.

Wie eine spielerische Lebenskunst unseren Alltag schöner werden lässt

Nun können wir uns der Frage zuwenden, wie sich eine Kultur spielerischer Lebenskunst in unterschiedlichen Bereichen des Lebens anlegen lässt. Im Folgenden wollen wir dies exemplarisch für sechs verschiedene Lebensbereiche durchspielen, in die wir alle mehr oder weniger stark eingebunden sind. Denn das Schöne einer spielerischen Lebenskunst ist: Sie kann sich in unterschiedlichen Spielräumen zu unterschiedlichen Zeiten auf unterschiedliche Weise entfalten und bewähren.

Eros ist ein Kind. Zumindest stellten sich die Griechen ihn so vor. Und da sie viel vom Leben verstanden, lohnt es, diesem Wink zu folgen und zu fragen: Warum eigentlich? Warum ist Eros, der als mächtigster aller Götter galt und von dem Sokrates sagte, dass er seine Macht und Herrlichkeit am höchsten lobe, so ein vorpubertäres Bürschchen? Die Antwort kann nur lauten: Weil Eros das am liebsten tut, was solche Knaben nun einmal am liebsten machen – er spielt. Eros, die Personifikation der Liebe, ist ein Spieler. So haben ihn die alten Dichter gerne gezeichnet, zum Beispiel Anakreon im sechsten Jahrhundert vor Christus:

> Mit dem Purpurball wirft mich wieder einmal
> Der goldhaarige Eros
> Und heißt mich, mit dem Mädchen
> Mit dem bunten Schuh zu spielen.[112]

Die Liebe ist ein Spiel? Wie kann das sein? Nun ja, wir sprachen schon davon: Die Liebe, wenn sie wirklich Liebe ist, genügt sich selbst. Sie hat keine *hidden agenda*; sie liebt ganz einfach, weil sie liebt. Und das mit vollem Ernst und keineswegs verspielt. Wie jedes echte Spiel ist auch die Liebe ein ernstes Spiel. In ihr werden die Liebenden nie zu Objekten. Auch verfolgt sie keine Pläne. Zumindest dann nicht, wenn sie wirklich Liebe ist. Wer wirklich liebt, fragt nicht nach dem Ertrag des Liebens. Ja, auch die Partnerwahl ist für ihn keine Frage der Strategie, wie man am effizientesten den Partner findet, der einem am meisten bringt.

Wer liebt, verwendet auch keine Technik und Methode, um ein bestimmtes Ziel zu erreichen. Wer auf dem Feld der Liebe plant und rechnet, mag ein Verführer sein, wird aber über kurz oder lang zu einem Enttäuschten. In seiner düsteren Analyse vom *Ende der Liebe* hat Sven Hillenkamp diese Dynamik klar beschrieben: »Die Menschen, die die Liebe als Ergebnis ihres Handelns erfahren wollen, ihres Suchens und Wählens, ihrer Selbstentwicklung und Selbstrealisierung – sie sind bitter, weil sie jeden möglichen Partner nur als willkürlichen Endpunkt eines passiven Wartens erfahren.«[113] Für den, der ein Ziel erreichen will, ist Warten unerträglich. Für den, der das Spiel des Eros kennt, ist das geduldige Warten gar kein Problem. Liebende lassen es geschehen, indem sie sich aufs Spiel setzen. Und darin wahrt die Liebe ihre Unschuld. Sie ist nicht berechnend. Und sie ist unberechenbar.

Womit dann auch ein zweites Kennzeichen des Eros-Knirpses angesprochen ist. Denn dieser junge Mann ist unschuldig in seinem Tun. Frei von jedem Nutzenkalkül verschießt er seine Pfeile. Die Liebe fällt dem von ihnen im Herzen getroffenen Partner zu, er macht sie nicht und kann sie nicht erzeugen. Sie ist – wie jedes gute Spiel – dem technischen Verstand entzogen. Sie spielt sich ab, wo man ihr Raum gewährt.

Am sichtbarsten wird die spielerische Unschuld des Eros im Liebesspiel der Partner, von dem der niederländische Anthropologe Frederik Buytendijk meinte, es sei das vollendete Spiel;[114] das allerdings nur dann, wenn man es als ein selbstgenügsames Geschehen feiert, bei dem es einzig darum geht, dass sich im Hin und Her der Spielzüge die Liebe der Spielpartner bekunden kann. Zum Liebesspiel kann Sexualität nur erblühen, wo sie sich frei von Zielen oder Zwecken entfaltet und ihren Sinn allein im Ausdruck dessen findet, was sie bewegt und treibt: der Liebe zweier Menschen. Und wo die Sexualität zum Liebesspiel gerät, wird sie zur Keim- und Kraftzelle von Partnerschaften.

Die spielerische Schönheit der Erotik kann freilich nur zutage treten, wenn sie von der Haltung und dem Geist spielerischer Lebenskunst getragen wird: sich auf das Spiel des Lebens einzulassen und einen anderen Menschen nicht als Objekt eigener Interessen und Zwecke zu benutzen, sondern ihm als Mitspieler zu begegnen. Es setzt voraus, sich vom anderen als Partner in Anspruch nehmen zu lassen und sich mit ihm in einen Zwischenraum zu wagen, in dem sich Unverhofftes zeigen kann.

Wenn eine solche spielerische Lebenskunst in der Liebe waltet, kann sich das echte, heitere, lustvolle Spiel des Eros uneingeschränkt entfalten. Nicht nur beim Liebesspiel, sondern überall im Miteinander, das den Alltag einer Partnerschaft durchdringt.

Vor Falschspielern und Spielverderbern ist man natürlich niemals sicher – auch in der Liebe nicht. Im Gegenteil, dort findet man sie häufig. Wie oft schon dominierten dort Interessen und Kalküle die Menschen! Wie oft schon fehlte es an Verbindlichkeit und Freiheit! Wie oft schon fanden Paare nicht dieses diffizile Gleichgewicht zwischen Zuwenig und Zuviel, dessen es bedarf, wenn ein Spiel gelingen soll. Mit vollem Ernst sich auf die Liebe einzulassen und dabei doch den spielerischen Geist des Eros zu bewahren – das wäre es, worin sich eine spielerische Lebenskunst nachhaltig bewährt.

Unmöglich ist das nicht. Denn wer kennt nicht auch jene Paare, die als eine altbewährte Spielgemeinschaft noch im hohen Alter offen für das Ungeahnte sind, nachdem sie schon ein Leben lang mal als Mit- und mal als Gegenspieler miteinander spielten? Sie können uns dazu ermutigen, die Partnerschaft nicht als eine Institution wechselseitiger Bedürfnisbefriedigung zu formatieren oder zum »lebenswierigen wechselseitigen Besitz [...] [der] Geschlechtseigenschaften«[115]

zu deklarieren, wie Immanuel Kant meinte, sondern als zweckfreien Spielraum der Potenzialentfaltung ernst zu nehmen. Das Leben wäre wirklicher und echter, wenn wir darauf verzichteten, einander zu benutzen oder Zwecken untertan zu machen, und uns wenigstens von Zeit zu Zeit als Spielpartner im großen Lebensspiel zu lieben – auf diese Weise gäben wir dem kleinen Engel Eros immer wieder neu die Chance, uns mit Lebendigkeit und Freude zu erfüllen.

Familie

Die spielerische Lebenskunst beginnt im Kinderzimmer. Dort haben Sie die Chance, die wahren Meister und wirklichen Experten des Spielens anzutreffen. Denn niemand hat so viel Erfahrung in der Kunst des Spielens wie die Kinder: Rund 15 000 Stunden, das heißt etwa sieben Stunden pro Tag, spielen Kinder bis zu ihrem sechsten Lebensjahr.[116] Und dabei bringen sie es zu der größten Meisterschaft: »Sie suchen sich eine für sie maßgeschneiderte kleine Auswahl aus den unzähligen Spielmöglichkeiten aus. Mit schlafwandlerischer Sicherheit finden sie die Spiele, in denen sie Kontakt mit ihren eigenen Bedürfnissen aufnehmen können«, schreibt der Diplompsychologe und Pädagogikprofessor André Frank Zimpel, einer der führenden Forscher auf dem Feld der Lernpsychologie.[117] Und allen Eltern, Großeltern und Erziehern gibt er deshalb einen guten Rat: »Räumen Sie Ihrem Kind möglichst viel Gelegenheit ein, mit anderen Kindern ausgiebig und ungestört zu spielen!«[118]

Doch heißt das nicht, dass Eltern nicht auch selbst mit ihren Kindern spielen sollten. Im Gegenteil. Als Impulsgeber und Spielpartner sind Eltern und Großeltern durchaus gefragt. Aufgrund ihrer Vorbildfunktion haben sie sogar eine große

Verantwortung, wenn es darum geht, Kinder ins Spiel zu bringen. Nur sollten sie es eben genau darauf anlegen: aufs Spielen. Denn das ist es, was die Kinder brauchen. Und was sie deshalb auch so meisterhaft beherrschen, dass Eltern, die ihre Kinder spielen lassen, von ihnen die Kunst des Lebensspiels erlernen können.

Der Grund dafür ist einfach: Als wichtige Erkenntnis der Lernpsychologie stellt Zimpel heraus: »Selbstgewählte Kinderspiele sind immer ambitioniert. Kinder suchen sich aktiv Anforderungen, die am besten zu ihnen passen.«[119] In jeder Lebens- und Entwicklungsphase verfügten Kinder über ein sicheres Gespür dafür, welche Art von Spiel sie jeweils weiterbringen kann: Am Anfang sind es eher Spiele mit Gegenständen, später dann Als-ob-Spiele, Rollenspiele und Regelspiele, zuletzt Wettkampfspiele und Ernstspiele. Und jede Spielphase bereitet die nachfolgende vor. Kein Förderprogramm könnte etwas Vergleichbares leisten. Kinder sind Meister der Spielkunst. Solange man sie ihnen nicht austreibt. Was leider häufig geschieht, vor allem durch den Einsatz einer sich ausbreitenden Mode, die Zimpel als »Förderitis«[120] bezeichnet. Was er darunter versteht, beschreibt er so: »Aus Angst, ihre Kinder könnten den Anschluss an eine globalisierte Bildungsgesellschaft verlieren, versuchen Eltern, ihre Kinder auf jegliche erdenkliche Art zu fördern: Frühenglisch, Kinderyoga, Malkurse und Musikunterricht wechseln sich in einem straffen Zeitplan ab«[121] – ein grobes Missverständnis, wie wir nunmehr wissen. Denn wie sollen Kinder die in ihnen angelegten Potenziale entfalten, wenn sie für das, was sie eigentlich dafür brauchen – das ziellose, selbstvergessene und freie Spiel –, keine Zeit mehr haben?

Wer seinen Kindern Gutes tun will, ist daher gut beraten, sie einfach spielen zu lassen ... und sich von ihnen zum Mitspielen hinreißen zu lassen. Denn das freie und gemeinsame Spiel von Eltern und Kindern tut nicht nur den Kleinen gut. Das Gleiche trifft auch für die Großen zu – sofern sie bereit sind, sich von den Kindern im kleinen Einmaleins der Spielkunst unterweisen zu lassen. Denn eben das kann jedermann von seinen Kindern lernen: dass wir erst da im vollen Sinne des Wortes Mensch sind und die in uns angelegten Potenziale zur Entfaltung bringen können, wo wir unsere üblichen Ziele, Zwecke, Pläne und Strategien hintanstellen und uns auf das Spielgeschehen einlassen. Sobald jedoch ein Kind spürt, dass es zum Objekt elterlicher Zielvorstellungen, Erwartungen oder Förder- und Erziehungsmaßnahmen gemacht wird, hört es auf, frei und unbekümmert zu spielen. Deshalb sollten die Großen der Versuchung widerstehen, ungewollt zu Spielverderbern zu mutieren, indem sie die Spiele ihrer Kinder durch Kommentare und Bewertungen den Kriterien der instrumentellen Vernunft unterwerfen – gleichviel ob im Guten oder im Bösen. Lob und Tadel eignen sich beide dazu, Spielwelten zu zerstören.

Eltern, die das Spiel mit ihren Kindern für sich selbst als Chance erkennen, eine spielerische Grundhaltung zum Leben auszuprägen, erkennt man Zimpel zufolge an drei Kriterien:

> Erstens lassen sie sich sichtlich von der Freude ihrer Kinder am Spiel anstecken und spiegeln die Freude mit authentischer Mimik ohne viel Worte. Zweitens ermutigen sie ihre Kinder, etwas selbst zu versuchen, wenn sie sich nicht richtig trauen, und helfen vor allem mit emotionaler Sprache, die mit so wenigen Handreichungen wie möglich auskommt. Und drittens fangen sie ihre Kinder emotional auf, wenn mal etwas schiefgeht.[122]

Im Spiel mit Kindern selbst die spielerische Lebenskunst zu erlernen, ist eine Chance, die sich allen Eltern bietet. Und nicht nur Eltern, sondern ganz besonders auch den Großeltern, die durch das Spiel mit ihren Enkeln die einmalige Gelegenheit geschenkt bekommen, es in der Lebenskunst zur Meisterschaft zu bringen. Denn Großeltern fällt es oft leichter, sich von zweckrationalen Nützlichkeitserwägungen oder ausgetüftelten Erziehungsplänen und Förderprogrammen frei zu machen, wenn sie es mit ihren Enkeln zu tun haben. Sie müssen nicht für deren Lebensunterhalt aufkommen und neigen weniger dazu, das Management des Nachwuchses zu perfektionieren. Mütter und Väter haben es in dieser Beziehung deutlich schwerer. Sie können nicht so selbstvergessen wie Oma oder Opa einfach spielen. Und wenn Sie, liebe Leserin und lieber Leser, zur Gruppe der Großeltern gehören, dann lassen Sie sich von uns animieren, so oft es geht mit ihren Enkelkindern in deren Spiel- und Lebenswelten einzutauchen. Weil Sie auf diese Weise im Spiel bleiben – und gleichzeitig den Kindern die Chance eröffnen, es in späteren Jahren selbst zur Meisterschaft der spielerischen Lebenskunst zu bringen. Als Merksatz dazu sei Ihnen ein Wort ans Herz gelegt, das dem Arzt und Schriftsteller Oliver Wendell Holmes zugeschrieben wird: Menschen hören nicht auf zu spielen, weil sie alt werden, sie werden alt, weil sie aufhören zu spielen.[123]

Schule

Eigentlich wissen wir alles: Spielen befreit, Spielen verbindet, Spielen ist Dünger für das Gehirn und Kraftfutter für Kinderseelen. Aber in spielerischer Lebenskunst werden unsere Kinder in den zu ihrer Bildung geschaffenen Einrichtungen, angefangen beim Kindergarten bis hin zur Universität, nicht unterrichtet. Und wie gut sie diese Kunst beherrschen – oder eher: wie sehr sie sie bereits verloren haben –, wird weder in globalen PISA-Vergleichsstudien noch in Klassenarbeiten und Examina geprüft.

Weshalb ist das so? Und weshalb erntet, wer diese Frage zu stellen wagt, nur ein müdes oder gar arrogantes Lächeln oder – von etwas Wohlmeinenderen – einen belehrenden Vortrag über den Bildungsauftrag der Schule, über kultusministerielle Vorgaben, über Lehrpläne und Bildungsziele? Dann wird über die Notwendigkeit des Erwerbs von Fachwissen und Lernkompetenzen zur Vorbereitung auf das spätere Berufsleben geredet, über pädagogische Professionalität und die Bedeutung von Didaktik und Methodik des Unterrichts. Wer dann noch immer nicht aufgibt und darauf hinweist, dass Wissen immer dann am nachhaltigsten im Gehirn verankert wird, wenn Kindern und Jugendlichen die Gelegenheit geboten wird, Sachverhalte und Zusammenhänge durch eigenes Suchen und Ausprobieren, durch spielerisches Entdecken und Gestalten zu erkennen, wird mit dem Hinweis abgespeist, es gebe schließlich eine Schulpflicht, und eine Bildungseinrichtung sei nun einmal kein Ponyhof.

Zum Glück, so muss man es wohl angesichts solcher Antworten sagen, zum Glück haben inzwischen alle, die an dieser Art von Schule beteiligt oder davon betroffen sind, ein von Jahr zu Jahr größer werdendes Problem: Es klappt nicht. Bis auf die wenigen, die sich tapfer mit dieser Art des Lernens und Lehrens abgefunden und diese Zeit als erfolgreiche Absolventen oder zufriedene Pensionäre hinter sich gebracht haben, leiden alle anderen unter den in den meisten Schulen herrschenden Bedingungen: die Schüler oft so sehr, dass sie die Pausen kaum erwarten können und die Tage bis zu den Ferien zählen. Den Lehrern geht es nicht anders, und die Eltern verzweifeln, weil sich inzwischen auch zu Hause alles nur noch um die Schule und die dort erwarteten und erbrachten Leistungen dreht. Ein erheblicher Teil ihres Einkommens muss womöglich gar noch in Nachhilfestunden investiert werden. Von spielerischer Leichtigkeit und einer spielerischen Lebenskunst ist das, was in vielen Schulen geschieht, himmelweit entfernt.

Deshalb ist es ein umso größeres Glück, dass nun auch die Abnehmer der Absolventen dieser Schulen (das Wort kommt übrigens vom griechischen *scholé*, und das heißt auf Deutsch »Muße«) mit den Resultaten der dort praktizierten Art von Bildung zunehmend unzufriedener sind. Berufsschulen und Universitäten beklagen einen um sich greifenden Mangel an Lernlust, intrinsischer Motivation, Frustrationstoleranz, Durchhaltevermögen und echtem Interesse für ein Fachgebiet. Die Fokussierung auf einen möglichst guten Notendurchschnitt hat zur Folge, dass die Schüler kaum noch Gelegenheit haben, ein in ihnen erwachendes Interesse mit Leidenschaft zu verfolgen und dabei ihre wirklichen Talente und Begabungen zu entdecken. Die ersten Unternehmen wollen deshalb von den Bewerbern für ihre Ausbildungsplätze keine Schulzeugnisse mehr sehen, und einige kühne Universitäten haben Stipendien für Schulabbrecher ausgeschrieben.

So kommt nun allmählich Bewegung in unsere Schulen. Diejenigen, die die Zeichen des Wandels rechtzeitig erkannt haben, sind längst dabei, neue Formen des Lehrens und Lernens auszuprobieren. Initiativen wie *Schule im Aufbruch* oder *Schulen der Zukunft* sind Vorreiter einer neuen Schulkultur, innovative Schulen werden mit Preisen ausgezeichnet und zeigen anderen, was in Schulen möglich ist und wozu Schulen imstande sind.

Ihr Erfolgsrezept sind nicht neue Methoden und Techniken des Unterrichtens, sondern die Herausbildung einer für das

Lehren und Lernen günstigeren Haltung und eines Geistes, der den Zusammenhalt und das Engagement aller Beteiligten stärkt. Dahinter freilich verbirgt sich ein Geheimnis, das die Grundlage für einen solchen Aufbruch in diesen Schulen bildet: Alle Beteiligten, die Schulleiter, die Lehrer, die Eltern und auch die Schüler, sind intensiv darum bemüht, ihre Schule in einen Ort zu verwandeln, an dem niemand den anderen als Objekt behandelt, ihn also zum Objekt seiner Bewertungen, seiner Erwartungen, seiner Belehrungen oder seiner Maßnahmen macht. Auf diese Weise wird es möglich, dass sich jeder Einzelne als Subjekt gesehen fühlt und alle Beteiligten einander von Subjekt zu Subjekt begegnen. Und überall dort, wo das gelingt, wird auch das Spielerische nicht nur auf dem Pausenhof oder bei Theateraufführungen, sondern sogar in den Unterrichtsstunden wieder lebendig, und mit ihm auch die Schüler und sogar ihre Lehrer.

So verwirklichen zukunftsweisende Schulen eine Lern- und Beziehungskultur, die genau das hervorbringt, was wir als wesentliche Kennzeichen eines gelingenden Spiels kennengelernt haben. Sie sind auf dem Weg zu einer spielerischen Lebenskultur und nehmen ihre Kinder und Jugendlichen dabei ganz selbstverständlich mit. Und siehe da, in solchen Schulen entwickeln sich die Schüler zu Persönlichkeiten, die wissen, was sie können und was sie wollen, die ihre angeborene Lust am eigenen Entdecken und Gestalten nicht mehr verlieren, ebenso wenig wie ihre Leidenschaft und Lernlust. Und ganz nebenbei absolvieren sie auch noch ihre Abschlüsse und machen sich danach mit Mut, Zuversicht und viel spielerischer Leichtigkeit auf den Weg ins Leben als Erwachsene. Diesen Schulen und diesen Schülern gehört die Zukunft.

Nirgends scheint es schwieriger, einen Geist des Spiels zu kultivieren, als in der Welt des Business. Hier, wo der *Homo oeconomicus* sein globales Dominium errichtet hat, scheint der *Homo ludens* keinen Zutritt zu haben – auch wenn sich manche Manager gerne als Spieler, womöglich gar als »Global Player« deuten. Wir sahen, dass es sich dabei meist um Etikettenschwindel handelt: dass nicht ein Geist des zweckfreien, selbstgenügsamen Spiels die Protagonisten lenkt, sondern der unbedingte Wille zum Profit. Dass sie sich dabei Elemente und Strukturen aus der Welt der Spiele dienstbar machen, ändert nichts daran, dass sie der Logik eines instrumentellen Denkens unterworfen sind, dem jedes freie und nutzlose Spiel zuwider ist.

Gewiss hat sich das zweckrationale Denken und Handeln in der Vergangenheit bewährt. Ihm verdankt die Wirtschaft ihren globalen Siegeszug – nicht nur auf Marktplätzen, sondern auch in den Spielzimmern unserer Kinder. Ursprünglich hatten unsere Vorfahren Handel und Warenproduktion aufgebaut, um dem Menschenwohl zu dienen. Aristoteles etwa verpflichtete die Gewerbetreibenden darauf, alle Aktivitäten in den Dienst des Wohlergehens des Hauses – griechisch *oikos* – zu stellen, und wurde so zum Vordenker jener Wissenschaft der Haushaltsführung, die er *oikonomía* nannte – »Ökonomie«. Inzwischen hat sich daraus ein Wirtschaftssystem entwickelt, das alle Bereiche des Lebens kolonialisiert und die Menschen nach seinen Erfordernissen formatiert, indem sie kurzerhand als Objekte der Durchsetzung eigener Interessen oder, wie es unverfänglicher genannt wird, von Produktions- und Markterfordernissen vereinnahmt werden.

Nicht anders im Finanzsektor. Die ursprüngliche Aufgabe

von Banken war es, mit ihren Krediten den Aufbau von Produktionsstätten oder die Erschließung von Märkten zu ermöglichen. Inzwischen gibt es internationale Großbanken und Finanzinstitute, die so mächtig geworden sind, dass sie nicht nur einzelne Wirtschaftszweige, sondern sogar ganze Länder und deren Regierungen zu lenken und zu beherrschen imstande sind.

So müssen wir feststellen, dass in der Wirtschafts- und Finanzwelt der ursprünglich eingeschlagene und zunächst auch durchaus zielführende Kurs längst verlassen wurde. Im Zuge der Globalisierung ist einiges aus dem Ruder gelaufen und hat uns in ein bedrohliches Fahrwasser geführt. Der Spielraum für Umlenkmanöver ist eng geworden. In den letzten Jahren jedoch beginnt der Motor dieses mächtigen Schiffes, immer häufiger und auch immer heftiger zu stottern.

Die im Zuge der Globalisierung so begeistert erschlossenen neuen Absatzmärkte beginnen zu verlanden. Aus manchen sind sogenannte Tigerstaaten geworden, die die Vorteile billiger Arbeitskräfte konsequent nutzen und mit ihren Massenprodukten die Märkte der alten Industriestaaten überschwemmen. Wer mit seinen Produkten heute global am Ball bleiben und überleben will, muss kreative und innovative Lösungen finden. Einfach nur bestimmte Produkte noch schneller, effektiver, kostensparender herzustellen, können diese Newcomer meist besser.

Vor diesem Hintergrund werden Kreativität und Innovationskraft unserer hiesigen Unternehmen zunehmend zur entscheidenden Voraussetzung für einen erfolgreichen Fortbestand auf dem Weltmarkt und für den Erhalt des Wirtschaftsstandortes Deutschland. Und inzwischen wissen wir ja nun auch, auf welche Weise sich das kreative und innovative Potenzial eines Unternehmens ebenso wie die kokreativen

Fähigkeiten seiner Mitarbeiter am besten zur Entfaltung bringen lassen. Das geht am besten dadurch, dass man Bedingungen in Unternehmen schafft, die den Menschen guttun; dadurch, dass man Räume öffnet und pflegt, in denen Mitarbeiter sich lebendig fühlen – indem sie wahrgenommen und ernst genommen werden und sich deshalb ihrem Unternehmen zugehörig fühlen.

Allein monetäre Anreize sind dafür allerdings ungeeignet. Wer künftig seine Belegschaft dazu bringen möchte, sich für das Unternehmen einzusetzen, kreative neue Ideen zu entwickeln, gemeinsam mit anderen nach innovativen Lösungen zu suchen, mitzudenken und andere dazu anzuspornen, muss mehr tun, als ihnen gute Karrieren, hohe Gehälter oder Bonuszahlungen in Aussicht zu stellen. Fortschrittliche Unternehmen haben das erkannt und versuchen deshalb, eine Führungs- und Beziehungskultur aufzubauen, die es den Mitarbeitern erlaubt, ihre Arbeit als sinnvoll und sich nicht länger als Objekte zu erleben: von Belohnungen, Bewertungen, Erwartungen, Zielvorgaben und Effizienz steigernden Maßnahmen.[124]

So paradox es zunächst klingen mag: Wer wirklich und dauerhaft in der Geschäftswelt Erfolg haben möchte, muss eine innovative Unternehmenskultur aufbauen und pflegen. Dazu gehört es auch, Räume zu schaffen, in denen es *nicht* um Erfolg geht – in denen es um gar nichts geht –, Spielräume eben, zweckfreie Räume, schöne Räume, Räume des Miteinanders und der Begegnung. Vor allem: Räume der Kokreation. Am Ende werden es solche Unternehmen sein, in denen – gleichsam als Nebenwirkung – Höchstleistungen erbracht und Innovationen möglich werden.

Denn wo Menschen miteinander spielen, öffnet sich der Raum des Zwischenmenschlichen, in dem sich Neues, Unverhofftes zeigen kann. Die spielerische Lebenskunst hat gerade darin ihren Charme, dass sie ein solches spielerisches Miteinander pflegt und kultiviert, in dessen Hin und Her die Kreativität gedeiht. Und was wird mehr gebraucht in Unternehmen, die ständig auf Erneuerung und Entwicklung angewiesen sind, um auf dem Markt bestehen zu können? Sie brauchen Innovationen und Visionen – und diese können am allerbesten da gedeihen, wo Menschen miteinander spielen.

Tragfähige Visionen und kreative Ideen lassen sich eben nicht technisch produzieren oder herstellen. Eine Vision ist keine Blaupause, nach deren Bild die Zukunft organisiert und gestaltet werden kann. Sie lässt sich nicht durch instrumentelles Denken erzeugen. Weil Neues nur zum Vorschein kommt, wo Strategie und Technik ruhen. Weil das Gehirn nur dann zu Topform aufläuft, wo nichts und niemand es zur Topform und zum Output zwingt. Weil echte Neuerungen vielmehr Kunstwerken als Produkten gleichen – Kunstwerken, die sich im kokreativen Spiel der Menschen einspielen, sich ihnen zuspielen. Mehr Spiel in Unternehmen? Wie aber soll das praktisch gehen? Ein Tischfußball in der Kantine? Das wäre immerhin ein Anfang, es reicht jedoch mitnichten. Die Art von Spielen, die den Unternehmen fehlen, sind anderer Art. Es sind Spiele, deren Spielarrangement dafür geschaffen ist, die Logik des Sich-Zeigens zu bedienen: Spiele, die einen Spielraum zwischen Menschen, einen Raum für wirkliche Begegnung eröffnen und dadurch die Voraussetzung erfüllen, dass Unerwartetes zutage treten kann. Improvisationsspiele sind dafür besonders gut geeignet. Viel besser als die gängigen Spaß-Incentives, die im Zweifelsfall eher infantile Regressionsprozesse in Gang setzen als kreative Reifungsschübe beflügeln.

Spielräume und Spielzeiten in Unternehmen sind kein Luxus. Als Luxus gelten sie allein dem konventionellen *Homo oeconomicus*, dessen instrumentelle Vernunft so dominant geworden ist, dass er nicht mehr erkennen kann, dass alle Strategie und Effizienz zu nichts nütze sind, wenn sie nicht im Dienst von Sinnvollem und Schönem stehen. Schon Goethe wusste übrigens ein Lied darauf zu singen, dass die instrumentelle Vernunft dem zu erliegen droht, was er das »Veloziferische« nannte: der von Effizienz- und Funktionalitätsparametern verführten Tendenz zu Übereilung, Beschleunigung und Ungeduld. »Fluch vor allen der Geduld!« lässt er seinen Faust am Anfang jener großen Tragödie rufen, die auf archetypische Weise die fatalen Pathologien des *Homo oeconomicus* vorwegnimmt – in der Gestalt des Faust, dessen Unrast und technische Rationalität ihn wieder und wieder zum Unheil verleiten: Übereiltes Denken führt zum Irrtum, übereiltes Handeln zur Gewalt.[125]

Wie lässt sich dieser unheilvollen Tendenz wehren? Indem avancierte Unternehmer und Führungskräfte Inseln der Lebendigkeit im Business schaffen: Orte, die wirklich frei vom wirtschaftlichen Denken sind. Indem Unternehmenskulturen gepflegt und gehegt werden, in denen auch das spielerische Element zur Geltung kommt. Indem Räume und Zeiten definiert werden – so wie einst der Schamane das Spielfeld markierte –, in denen die Beschäftigten Kollegen und nicht Konkurrenten sind; in denen sie frei sein dürfen, spielen können und wo ihr Tun nicht evaluiert wird. Räume, zu denen ein Controller keinen Zugang hat – es sei denn, er lässt die Controller-Rolle hinter sich.

Ein Beispiel kann veranschaulichen, wie so etwas konkret geschehen kann. Normalerweise sind Kunden und Verkäufer Rivalen, die einander so gut es geht für ihre Zwecke nutzbar machen wollen. Beide ziehen ins Verkaufsgespräch wie in eine Schlacht – aus der sie entweder als Sieger oder als Verlierer hervorgehen werden. Mit der Grundhaltung spielerischer Lebenskunst würden sie freilich ganz anders an die Sache herangehen. Beide sähen das Verkaufsgespräch als Spiel. Die Spielzeit endete in dem Augenblick, in dem der Kaufvertrag geschlossen ist. Ein paar Spielregeln wären einzuhalten, ansonsten begegnete man einander als Mitspieler eines Spiels, bei dem sich letztlich etwas zeigen wird, das vorher nicht bekannt war: der Preis der Ware, die verkauft wird. Doch der ist gar nicht das Entscheidende – entscheidend ist das Verkaufsspiel selbst, das in sich seinen Wert hat.

Eine Utopie ist solch ein spielerisches Verkaufsgespräch übrigens mitnichten, das weiß jeder, der einmal einen orientalischen Basar besucht hat. Da wird ein köstliches Spiel inszeniert. Beim Teppichkauf ist es keineswegs damit getan, dass man den Preis bezahlt, der auf dem Teppich steht, und anschließend das gute Stück nach Hause trägt. Weit gefehlt. Da wird palavert, vom Onkel in Castrop-Rauxel, dann kommt ein Kaffee, dann geht es um den Schwager einer Schwägerin, und irgendwann wird beiläufig erwähnt, da gäbe es ja noch den schönen Teppich, den der werte Gast vielleicht doch gerne erwerben möchte ... – Am Ende zahlt man mehr für dieses Schauspiel, ist es doch gar zu schön. Den Teppich nimmt man dann als eine Art Kollateralschaden ... in Kauf.

Das Beispiel zeigt: Es ging und geht auch anders. Ein bisschen Spielkultur ist auch in Unternehmen und beim Geschäftemachen möglich. Aber nur dann, wenn es gelingt, sich selbst *als* Spieler ernst, *als* Händler oder *als* Kunde hingegen nicht allzu ernst zu nehmen. Sich solches immer wieder neu bewusst zu machen, entspannt total und macht es möglich, den Geist des *Homo ludens* in der Welt des Business zur Geltung zu bringen.

Noch eines kommt hinzu: Die Räume, in denen Menschen

heute arbeiten, sind meistens weit davon entfernt, zum Spiel zu animieren. Sie folgen ausschließlich der zweckrationalen Intelligenz. Sie sind auf Funktionalität und Effizienz hin ausgerichtet und nicht auf Kreativität und Poesie. In solchen Räumen kann kein Spiel gedeihen. In solchen Räumen stirbt die Kreativität. Die meisten Büros sind Administrationsfabriken und keine Inseln der Lebendigkeit. Auf dieser Baustelle gibt es reichlich zu tun; und es ist nur zu begrüßen, wenn einige avancierte Unternehmen inzwischen besondere Workspaces einrichten, die den Kriterien einer von spielerischer Lebenskunst durchdrungenen Unternehmenskultur Genüge leisten.

Die Welt des Business braucht Spiel und Schönheit: nicht um das Spiel für ökonomische Zwecke zu instrumentalisieren, sondern um instrumentalisierungsfreie Zonen zu schaffen, die im Dienste der Lebendigkeit und des Menschen stehen. Denn ohne wirkliches, authentisches Menschsein, ohne echte Kreativität und Innovationskraft kann auch das technisch und instrumentell perfekt getunte Unternehmen auf Dauer nicht bestehen.

Politik

Dass eine Kultur spielerischer Lebenskunst auch auf dem Feld der Politik gedeihen kann, scheint auf den ersten Blick absurd. Ausgerechnet dort, wo es fortwährend darum geht, Interessen zu verfolgen, Strategien auszuhecken und Pläne zu schmieden; ausgerechnet dort, wo ernsthaft diskutiert und gerungen wird; ausgerechnet dort, wo Parteien sich bekämpfen und der Wahlkampf aller gegen alle das Geschehen leitet: Ausgerechnet da sollte ein Geist des Spielens heilsam sein? Der Politiker als *Homo ludens* – kann das gut gehen?

Warum eigentlich nicht? Denn bei näherem Hinsehen liegt

es auf der Hand, dass es der Politik gut zu Gesicht stünde, ein bisschen mehr vom Geist des Spiels in ihren engen Grenzen zuzulassen. Es dürfte jedenfalls dem Wohlergehen eines Landes weit eher dienlich sein als das, was gegenwärtig in der Politik geschieht. Denn längst haben sich in ihr Technokraten breitgemacht. Längst tummeln sich in vielen Gremien Experten oder Lobbyisten, denen der Geist des Spielens völlig fernliegt. Hier geht es um Interessen und Geschäfte, hier geht es um Profit und Macht. Hier geht es um Einfluss und Kalkül, um Triumph oder Vernichtung. Hier herrschen Konkurrenz und Gegnerschaft. So etwas wie Kokreativität hat man im Parlament schon lange nicht mehr gesehen. Und ob dafür in der Regierung Platz ist, darf mit Fug und Recht bezweifelt werden. Denn die heutige Politik folgt fast durchgängig dem Diktat der instrumentellen Vernunft. Die »kommunikative Vernunft«, die Jürgen Habermas in den 1980er-Jahren noch als Garanten der Demokratie gegen ein instrumentelles Politikverständnis zur Geltung bringen wollte, scheint langsam zu verkümmern.

Die Kolonialisierung des Politischen durch die instrumentelle Vernunft tut dem Gemeinwesen nicht gut. Sie schränkt die Freiheit des Diskurses ein und behindert Innovation, Veränderung und Wandel. In einem politischen System, das von Lobbyisten, Technokraten und Sachwaltern partikularer Interessen beherrscht wird, fehlt der Raum des Miteinanders. Die Art und Weise etwa, wie zwischen der Europäischen Union und den Vereinigten Staaten das Transatlantische Freihandelsabkommen (TTIP) verhandelt wird, gibt davon ein beredtes Zeugnis: vorbei an allen Parlamenten, unter Ausschluss der Öffentlichkeit, fern jeder demokratischen Legitimation. Wo auf diese Weise gedealt wird, läuft die Demokratie Gefahr, zur bloßen Administration oder Bürokratie zu verflachen.

Die alten Griechen, jene Meister der Spielkultur, wussten

um diese Gefahr. In ihren Reflexionen über das Wesen des Politischen hat die Philosophin Hannah Arendt dargelegt, warum die attische Demokratie in ihrer Blütezeit so großen Wert darauf legte, dass die stimm- und wahlberechtigten Bürger ökonomisch unabhängig sind[126]: Es ging darum, die Sphäre des Politischen davor zu schützen, von ökonomischen Zwängen und Notwendigkeiten dominiert zu werden. Man glaubte in Athen, dass es der Polis schaden würde, wenn Politik zu einer Profession verkomme – zum Gelderwerb. Seither hat sich zwar das Wissen um die Wichtigkeit der finanziellen Unabhängigkeit der Parlamentarier verdunkelt, aber das heißt nicht, dass die Pioniere der antiken Demokratie nicht etwas Richtiges erkannt hätten: Als Ort für richtungsweisende Entscheidungen, an dem die Geschicke eines Gemeinwesens verhandelt werden, kann Politik nur dann nachhaltig funktionieren, wenn sie den Spielraum für Entscheidungen offenhält, wo sie ein freies Handeln zulässt, das von keinen externen oder privaten Interessen und Zwängen infiziert ist – wo sie eine nicht von ökonomischen Interessen geleitete Kommunikation der Entscheidungsträger organisiert.

Der angestammte Ort dafür ist zweifellos das Parlament. Als Keimzelle der Demokratie ist es seiner Idee nach durchaus ein Spielraum – ein Raum für ernste Spiele, in dem unterschiedliche Spielparteien miteinander ringen, damit sich im Hin und Her der Spielbewegung zeigen kann, welche Entscheidung getroffen und welche Maßnahme ergriffen werden soll. Zu einem solchen ernsten Spiel kann eine Parlamentsdebatte aber nur geraten, wenn sich die Rednerinnen und die Redner nicht total mit ihrer Rolle identifizieren. Im britischen Oberhaus, dem House of Lords, trug man daher eine Perücke – um klarzumachen, dass man hier nicht als Privatperson mit privaten Interessen redet, sondern in die Rolle des Repräsentanten schlüpft, der nun im Redespiel mit anderen antritt, um im Wechselspiel der Reden die Meinung des Souveräns – des Volkes – zu ermitteln, ja zur Darstellung zu bringen. Und das mit dem vollen Ernst eines echten Spielers, der zugleich weiß, dass es »nur« ein Spiel ist, das er spielt, und dass seine Aufgabe in dem Spiel nicht darin besteht zu gewinnen, sondern dabei zu helfen, das zu zeigen, was sich sonst nicht zeigen kann: das, was hier und jetzt zu tun ist (und nicht das, was bestimmte Interessengruppen durchzusetzen vermögen). Das Parlamentsspiel – recht verstanden – gleicht dem antiken Kultspiel. Nur dass kein himmlischer Geist beschworen wird, sondern im kokreativen Zusammenspiel eine Einsicht gezeitigt wird: die Einsicht, was ungeachtet der partikularen Interessen von Parteien und Lobbyisten für das Gemeinwesen in einer konkreten Situation gut ist.

Bei heutigen politischen Debatten hingegen treten Parteien gegen Parteien und Personen gegen Personen an. Man wird dabei den Eindruck nicht los, dass sie nur als Funktionsträger ihrer Parteiprogramme oder Weltanschauungen miteinander ringen, nicht aber als Volksvertreter gemeinsam ein Spielarrangement vollziehen, bei dem es darum geht, im Wechselspiel der Mit- und Gegenspieler auszuspielen, welche Entscheidung zu treffen ist. Statt der Gestaltungskraft des kokreativen Spiels zu vertrauen, konsultieren sie Experten, entwerfen sie Strategien und Pläne, spinnen sie Intrigen. Das alles ist anstrengend, macht keinen Spaß und lässt die Protagonisten rasant schnell altern.

Wenn Politik wieder Freude macht und aufhört, durch und durch berechenbar zu sein, dann sollte es auch möglich sein, dass fähige und engagierte Menschen sich für sie begeistern. Womöglich fänden sie wieder Gefallen daran, sich mit den Belangen des Gemeinwesens zu befassen. Ja, es könnte sogar sein, dass ein spielerisches Politikverständnis einen lebendigen Diskurs und ein gesellschaftliches Miteinander generieren. Die viel berufene Politikverdrossenheit könnte ausgespielt haben.

Dort, wo wirklich gespielt wird, wächst auch der Geist des Miteinanders und der Verbundenheit, den jedes Gemeinwesen braucht, um als freie Bürgerschaft bestehen zu können. Spielen ist deshalb eminent politisch. Und deshalb muss allen, die am Bestand eines freien, humanen, bürgerlichen Gemeinwesens Interesse haben, daran gelegen sein, dem Spiel in unserer Welt mehr Raum zu geben. Jedes echte Spiel ist eine Schule des Gemeinsinns.

Vielleicht ist das der Grund dafür, dass der bürgerschaftlich-demokratische Gedanke zuerst in Griechenland gedacht wurde: Denn eine Kultur, die sich ihrer selbst in den großen Festspielen immer neu gewahr wurde und vergewisserte, war wie keine andere dazu angetan, ein Bewusstsein dafür zu entwickeln, dass der Mensch ein Gemeinschaftswesen ist – ein *zoon politikon*, dessen Leben nur da gedeiht und seine Blüte findet, wo es sich in einer *polis*, ja, abspielt: einem Gemeinwesen, in dem die Menschen sich als freie Bürger begegnen, gemeinsam Möglichkeiten durchspielen und so schließlich zu Problemlösungen finden. Als *zoon politikon* braucht der Mensch Spiele. Wer keine freien, bürgerschaftlich-demokratischen Gemeinwesen dulden will, ist hingegen gut beraten, Spiele entweder zu unterdrücken oder zu Konsumartikeln und Geschäften umzuformatieren. Ein Blick in die Diktaturen dieser Welt lehrt, wovon die Rede ist. Die Feinde einer offenen Gesellschaft sind nicht zufällig entweder Spielverderber oder Falschspieler.

Dass Spiel und Religion ursprünglich eng verschwistert waren, haben wir gesehen. Wir sprachen von den Kultspielen, in denen frühere Kulturen sich der Gegenwart ihrer Götter vergewisserten. Wir sprachen von den alten Hellenen, bei deren großen Festspielen zu Delphi und Olympia sich die Menschen vor ihren Göttern zeigten. Wir sprachen auch davon, dass noch im Christentum – im Ritus oder im Passionsspiel, im Oratorium oder beim Kirchentanz – etwas vom spielerischen Geist der alten Religion erhalten blieb. Was wir bislang noch nicht bedachten, ist die Frage, wo eigentlich heute die spielerische Komponente auf dem Feld der Spiritualität geblieben ist und ob auch hier so etwas wie eine Kultur spielerischer Lebenskunst wünschenswerte Effekte zeitigen könnte.

Tatsächlich scheint im Feld der Spiritualität ein bärbeißiger Ernst zu dominieren. Nicht überraschend geschieht das vor allem da, wo Religion und Spiritualität als Mittel zum Zweck gelehrt oder gepredigt werden – etwa zum Zweck der Erlangung des Seelenheils im Paradies oder auch zum Zweck der Erleuchtung oder einer besseren Reinkarnation. Die instrumentelle Vernunft mit ihrer Logik des Um-zu ist also auch im Reich der Religion zu Hause.

Nun ist es nicht das geringste Verdienst Friedrich Nietzsches gezeigt zu haben, dass es Religionen und Spiritualitäten gibt, die gerne »von überirdischen Hoffnungen« reden und dafür umstandslos das irdische Leben opfern – zuweilen auch das der »Ungläubigen«. Wo im Namen der Religion das Leben der Menschen Zielen, Zwecken oder Göttern unterworfen wird, anstatt es vor dem Horizont des Heiligen zu würdigen, werden die Menschen klein gehalten oder unterdrückt. Gläubige oder Übende, die sich ganz *der* Lehre oder *dem* Weg anheimgeben, werden dabei immer uniformer – und ihr Leben wird eng und eintönig.

Wie anders wäre es, wenn sich der Geist der spielerischen Lebenskunst auch im Feld der Religion bekunden dürfte. Dass allem spielfernen Dogmatismus und Fundamentalismus zum Trotz so etwas gerade dem Christentum durchaus nicht fremd ist, hat der Theologe Hugo Rahner in seinem Büchlein *Der spielende Mensch* glaubhaft dargestellt. Er zeigt, dass es dem frommen Menschen durchaus möglich ist, sich vor dem Horizont des Göttlichen als Wesen zu verstehen, das sich in Spielräumen erproben darf, das keinem Zweck genügen muss, sondern von Gottes Gnaden her zum freien Spiel geladen ist.[127] Er geht sogar so weit, mit dem Mönch Notker von St. Gallen die Kernessenz der römischen Kirche darin auszumachen, eine »spielende Kirche« zu sein:

Sieh, unter dem lieben
Weinstock, o Christus,
spielt voller Frieden,
behütet im Garten
die heilige Kirche.[128]

Und 500 Jahre nach der Reformation dürfen wir uns auch daran erinnern, dass es die Ur-Intuition von Martin Luther war, die Freiheit eines Christenmenschen gerade darin zu erkennen, nicht durch eigenes Leisten das Seelenheil erwerben zu müssen, sondern auf Gottes Gnade vertrauen zu dürfen. Auch manche Mystiker haben um die Selbstgenügsamkeit des seligen Lebens gewusst, etwa Mechthild von Magdeburg, die es wagte, das Geschehen der mystischen Begegnung von Gott und Mensch im Bild des Liebesspiels zu beschreiben, indem sie Gott über die Seele sagen lässt:

Ich kann ihr nicht alle Vertraulichkeit geben,
außer sie wolle ganz ledig und bloß
in meine göttlichen Arme sich legen,
so daß ich dann mit ihr spielen kann.[129]

Ist uns modernen, säkularen Menschen die Seligkeit womöglich schnuppe, so sollten wir doch nicht verkennen, dass jene Ausprägungen von Religion und Spiritualität dazu ermutigen können, dem Leben mit spielerischem Geist zu begegnen. Sie rufen ins Bewusstsein, was uns als Essenz der spielerischen Lebenskunst vor Augen ist: Das Leben hat – wie jedes gute Spiel – seinen Sinn und Zweck allein in sich. Es will und darf gelebt werden. Und es hat ein Ende – Gott sei Dank. Hätte es das nicht, wäre das Projekt einer spielerischen Lebenskunst von vornherein zum Scheitern verurteilt. Nur weil es irgendwann vorbei ist, können wir dem Leben mit spielerischem Ernst begegnen. Mit Ernst, weil jeder Augenblick der Spielzeit uns Gelegenheit gibt, zur Schönheit reifen Menschseins zu erblühen; mit *spielerischem* Ernst, weil mit dem Tod die Dummheiten und Fehler, die wir dabei machten, dem Vergessen anheimfallen werden. Und wenn Sie an den Fortbestand der Seele nach dem Tode glauben, dann können Sie auch sagen: mit Ernst, weil jeder Augenblick die Seele wachsen lässt; mit *spielerischem* Ernst, weil die Seele mit dem Tod das Spielfeld verlassen und erkennen wird, dass ihre Inkarnation eben »nur« ein Spiel war. Aber so weit müssen wir gar nicht gehen, um die Sterblichkeit als einen wichtigen Faktor zu verstehen, der es uns erlaubt, eine spielerische Grundhaltung zum Leben auszubilden.

Sich dessen in der Rückbindung ans Heilige zu vergewissern, die Sinnhaftigkeit des sterblichen Daseins im Gegenüber zum unsterblichen Göttlichen zu erfahren, sich selbst als kostbar zu bejahen: Das sind am Ende wohl die wichtigsten Voraussetzungen, um seinem Leben etwas mehr spielerische Leichtigkeit zu verleihen. Denn wer in dem Bewusstsein lebt, dass sein Selbst oder seine Seele für sich genommen unbedingt bejaht werden kann und sinnvoll ist, wird sich leichter damit tun, das Ich im großen Lebensspiel nicht gar zu wichtig zu nehmen. Und er wird immer wissen, dass es in seinem Tun und Schaffen noch jene Tiefendimension des Selbst oder der Seele gibt, des Heiligen oder der Götter, die sich im Spiel des Lebens immer wieder offenbart.

Das Leben will und darf sich spielerisch erproben, um sich zu entfalten und zu erblühen. Wenn es dafür an Gott oder den Göttern Maß nimmt und sich das Heilige vor Augen hält, um an ihm Mensch zu werden, dann ist eben dies die spirituelle Variante der Kultur spielerischer Lebenskunst, um die es uns in diesem Schlusskapitel zu tun war. Es könnte sein, dass wir in ihrem Zeichen zuletzt dahin gelangen, die seelische Eleganz eines ernstheiteren Menschen auszuprägen, der dem Leben in all seinen Bereichen und Facetten mit einem Lächeln begegnen kann – auch da, wo dieses bunte, schöne Spiel zuletzt sein Ende findet.

NACHSPIEL AUF ERDEN

WAS WIRD AUS UNS, WENN WIR BEGINNEN, DEN ZAUBER DES SPIELS WIEDERZUENTDECKEN?

Dank unseres zeitlebens lernfähigen Gehirns sind wir Menschen in der Lage, unser Leben nach eigenen Vorstellungen zu gestalten. Mithilfe globaler Kommunikationsnetzwerke können wir diese Vorstellungen inzwischen überall auf der Welt verbreiten. Und nicht nur unser Wissen und Können: Wie unsere Vorfahren geben auch wir unsere Vorstellungen vom guten und wahren Leben von Generation zu Generation an unsere Nachkommen weiter. Wir müssen das tun, denn wir verfügen nur noch über rudimentäre, genetisch in unser Gehirn einprogrammierte Verschaltungsmuster, die unsere Reaktionen und Verhaltensweisen bestimmen. Deshalb sind wir darauf angewiesen, von anderen zu lernen, wie das Leben geht – oder es selbst herauszufinden.

Natürlich können wir bei dem Versuch, unser Leben und unser Zusammenleben auf der Grundlage bestimmter Vorstellungen zu gestalten, auch scheitern. Anstelle langfristiger und tragfähiger Lösungen erzeugen wir dann immer zahlreicher werdende Probleme, die sich auf der Grundlage unserer bisher entwickelten Vorstellungen und der daraus abgeleiteten Strategien irgendwann nicht mehr lösen lassen. Dann müssen wir uns eingestehen, dass wir uns geirrt haben. Das ist unseren Vorfahren so ergangen, und das wird auch unseren Nachfahren nicht erspart bleiben. Aber aus Fehlern und Fehlentwicklungen können wir immerhin lernen, wie es besser geht.

Das ist ein schmerzhafter und langwieriger Prozess. Doch lehrt ein Blick auf die bisherigen Epochen der Menschheitsgeschichte, dass er immer wieder stattgefunden hat. Sogar als tausendjährig proklamierte Reiche und für alle Ewigkeit gültig erachtete Dogmen und Ideologien sind nach einer kurzen Zeit der Euphorie wieder untergegangen. Zerstörung und Verwüstung, Angst und Leid, Unterdrückung und Verfolgung, Not und Elend waren ihre beklemmenden Hinterlassenschaften. Sie zu überwinden, wurde zum zentralen Motiv für den Neuanfang.

Dank unserer Einsichten in die Funktionsweise des menschlichen Gehirns wissen wir aber, dass Angst, Traumatisierung, Not, Elend und der daraus erwachsende Druck, Erstere zu überwinden, die denkbar schlechtesten Voraussetzungen für die Suche nach umsichtigen und langfristig tragfähigen Lösungen sind. Allzu leicht greifen Menschen unter derartigem Handlungsdruck auf Vorstellungen zurück, die sich bereits bewährt haben, die eine schnelle Befreiung aus ihrer Not versprechen. Diese Vorstellungen sind aufgrund ihrer klaren Zielgerichtetheit meist nicht sehr komplex und auch nicht allzu weitsichtig, dafür aber pragmatisch und leicht umsetzbar. Deshalb geht es mit ihnen meist genauso weiter wie zuvor, zwar unter veränderten Macht- und Herrschaftsverhältnissen, dafür aber noch effektiver, noch schneller, noch zielführender als bisher. Nur wenn kriegerische Auseinandersetzungen oder soziale Notlagen dann für eine Weile ausbleiben, kann sich die gesellschaftliche Entwicklung tatsächlich schrittweise dem annähern, was das ursprüngliche Ziel all der Anstrengungen war: mehr Sicherheit, mehr Wohlstand, mehr Freiheit, vielleicht aber auch nur mehr Bequemlichkeit.

Erst wenn bedrückende Not überwunden ist und die ständige Angst ihre Kraft verloren hat, das Denken und Handeln der Menschen zu bestimmen, herrschen in ihren Gehirnen Bedingungen, die es erlauben, neue, komplexe, ganzheitliche und damit auch langfristig tragfähige Lösungen zu finden. Dann erst können wir Vorstellungen entwickeln, an die vorher nicht zu denken war. Jetzt werden auch Phänomene und Entwicklungen sichtbar, die mit dem vorherigen Fokus der Aufmerksamkeit einfach übersehen wurden, nun erst entwickeln Menschen eine gewisse Vorstellung davon, was sie aus welchem Grund antreibt, was sie wirklich brauchen und was – nachdem sie so ziemlich alles erlangt haben, was sie bisher zu brauchen glaubten – für sie und ihr Leben wirklich wichtig ist. Das sind die interessantesten Phasen der Menschheitsgeschichte, und genau in einer solchen Phase sind wir – zumindest in der westlichen Welt – inzwischen angekommen.

Was uns jetzt noch daran hindert, uns auf den Weg zu machen und neue Erkenntnisse auch umzusetzen, sind jene Strukturen, die bei dem bisher so intensiv betriebenen Ringen nach Sicherheit und Wohlstand in unseren Hirnen entstanden sind: die in den Köpfen der Menschen herausgeformten neuronalen Verschaltungsmuster und die zur Durchsetzung unserer bisherigen Ziele geschaffenen Organisations- und Verwaltungsstrukturen. Obwohl der äußere Druck durch Not und Elend deutlich nachgelassen hat, setzen sich nun viele Menschen selbst unter Druck. Unzufrieden mit dem, was sie haben, hetzen sie weiter umher, wollen noch mehr erreichen und machen sich selbst zu Objekten ihrer eigenen Vorstellungen. Oder sie scheitern bei der Umsetzung kreativer Ideen an der Starrheit der alten, verkrusteten äußeren Strukturen.

Aber man kann bereits erkennen, wie sich diese Überreste ehemals erfolgreich aufgebauter und eingesetzter Denk- und Verwaltungsstrukturen aufzulösen beginnen. Nicht deshalb, weil sie bekämpft und ausgerottet werden, sondern weil ihre

Protagonisten immer älter werden und allmählich aussterben. Und weil immer wieder neue Generationen heranwachsen, die sich ihre Freude am eigenen Entdecken und Gestalten nicht mehr so leicht rauben lassen und spielerisch ausprobieren, was geht.

Auch wenn es nicht immer klappt, wenn sie Fehler machen und neu beginnen müssen –, die spielerische Leichtigkeit, mit der sie unterwegs sind, ist heute für eine wachsende Zahl nicht nur junger Menschen weitaus attraktiver als der bittere Ernst derer, die sich verbissen an die Positionen und Funktionen klammern, die sie schon erreicht haben oder anstreben.

Große Veränderungen beginnen im Kopf, umgesetzt werden sie aber von denen, die sich auf den Weg machen. Das mögen gegenwärtig noch nicht sehr viele sein, aber interessanterweise sind es gerade diejenigen, die den Zauber des Spiels wiederentdecken. Und auch die anderen, die so weiterzuleben versuchen wie bisher, sind dabei, den wirklichen Wert und die Bedeutung all dessen, was zu ihnen gehört, was unser Menschsein ausmacht und was auch sie für ein erfülltes Leben brauchen, allmählich zu erkennen; weil es ihnen verloren zu gehen droht: das Lachen der Kinder, das draußen auf unseren Straßen und Plätzen immer seltener zu hören ist, der Zusammenhalt ihrer Familien, der zunehmend zerbröckelt, und vor allem die Zeit, die ihnen immer schneller durch die Finger gleitet. Immer erkennbarer wird der Verlust auch draußen in den Feldern und Fluren, die in eintönige landwirtschaftliche Betriebsflächen verwandelt worden sind und wo die Vielfalt von Pflanzen und Tieren, die es dort noch vor wenigen Jahrzehnten gab, längst verschwunden ist. Und wie wichtig und beglückend es ist, gemeinsam Feste zu feiern, zu singen, zu tanzen und zu musizieren, merken viele erst dann, wenn all das aus ihrem Alltagsleben fast verschwunden ist.

Genauso geht es vielen auch mit dem freien, unbekümmerten und zweckfreien Spielen. Bei der angestrengten Verfolgung ihrer Ziele und der von wirtschaftlichen Überlegungen und Gewinnstreben bestimmten Lebensgestaltung ist das Spielen weitgehend unbemerkt unter die Räder gekommen. Jetzt erst wird einer ständig wachsenden Zahl von Menschen allmählich bewusst, dass damit etwas für unser Menschsein, für unsere Kreativität und für die Entfaltung der in uns angelegten Potenziale ganz Entscheidendes verloren gegangen ist. Warum das so ist, haben wir in diesem Buch darzustellen versucht.

So sonderbar funktioniert unser Gehirn: Solange etwas wie selbstverständlich da ist, bemerken wir es nicht und sind auch nicht bereit, uns darum zu kümmern. Um seinen Wert und seine Bedeutung erkennen zu können, muss es uns wohl erst abhandenkommen. Und wir erwachen erst, wenn uns bewusst wird, was wir zu verlieren drohen. Erst dann wächst die Bereitschaft, Verantwortung zu übernehmen und alles in unseren Kräften Stehende zu tun, damit das aus Unachtsamkeit und Unwissenheit Verlorene, Missbrauchte oder gar Zerstörte wieder wachsen und gedeihen kann. Deshalb haben wir dieses Buch geschrieben. Wir können nicht wissen, was geschieht, wenn immer mehr Menschen den Zauber der spielerischen Entdeckung ihrer eigenen Möglichkeiten wiederentdecken. Aber dass wir dann einander mit etwas mehr Freude und Leichtigkeit begegnen und Liebe und Lebendigkeit in unser Leben wiederkehren, ist gewiss.

NACHSPIEL IM HIMMEL

»Wollen wir wieder Menschen spielen«,
fragte Zeus die Götterrunde.
»Lieber nicht«, erging die Antwort
seines Bruders Hades.
Denn als Herr über die Toten
mochte er das Spielen nicht.
Liebe, Lust und Leichtigkeit
waren nicht so seine Sache,
er stand auf den Ernst des Lebens;
und er war damit zufrieden,
dass die Menschen ernst und eifrig
sich durch ihre Tage plagten.

Zeus jedoch ließ das nicht gelten:
»Schaut doch nur«, erging sein Wort,
»wie die Sterblichen verkümmern.
Immerzu sind sie in Sorge,
schmieden dauernd neue Pläne,
setzen dauernd neue Zwecke,
rechnen, prüfen, kalkulieren,
diskutieren, lamentieren,
rechnen wieder, rechnen schneller,
rennen rast- und ruhelos,
sehen nichts mehr als sich selbst,
hören nur das dumpfe Surren
ihrer eigenen Gedanken,
sehen nichts mehr als das Flimmern

ihrer Smartphone-Monitore,
sind gelangweilt und erfinden
dauernd neue Ablenkungen,
um die Leere ihres Innern
nicht zu spüren, nicht zu fühlen.
Ach, die Menschen tun mir leid,
immerzu sind sie zerstreut,
niemals sind sie ganz lebendig.«

Da der Göttervater schwieg,
wischte sich die bezaubernde Venus
eine schöne Träne fort.
»Du hast recht«, sprach sie zum Vater,
»lass uns wieder Menschen spielen.
Lass uns Liebe, Lust und Lachen
wieder auf die Erde tragen.
Lass uns Schönheit, Spiel und Freude
wieder auf der Erde pflanzen.« –
»Recht so«, sprach da auch Apollon,
»kommt, wir wollen uns verkleiden
und uns auf der Erde tummeln,
kommt, wir heilen sie vom Irrsinn,
immer nützlich sein zu müssen,
immer klug und profitabel,
zielgerichtet, fokussiert. Dieser Irrsinn
braucht ein Ende. Nehmen wir sie
an der Hand, führen sie einander zu,
dass sie sich begegnen können,
statt einander zu gebrauchen.
Sich einander zuhören und sehen,
singen sollen sie und tanzen,
nutzlos sich am Leben freuen.«

Hermes, der die Menschen mochte
und Gefallen daran fand,
dass sie rastlos darum ringen,
Wohlstand und Profit zu schaffen,
hielt dagegen und bemerkte,
auch Gewinnstreben und Schlauheit
seien schöne Qualitäten, die das
Leben lustig machen. Aber letztlich
gab auch er zu, dass die Sterblichen bei aller
Schnelligkeit und Effizienz
stets vergessen, was am Ende
doch das Beste ist und bleibt:
Leichtigkeit und Lebensfreude,
Liebe und Lebendigkeit.

Und so traf's sich, dass die Götter
wieder auf die Erde kamen,
um das Menschenspiel zu spielen.
Niemand konnte sie erkennen,
gut getarnt und still und heimlich
schlichen sie in Menschenhirne,
lockerten darin Synapsen
und erstarrte Denkstrukturen,
und nach gar nicht langer Zeit
war ein Wandel zu erkennen.
Erst spielte ein zartes Lächeln
auf dem Antlitz junger Menschen,
später hörte man sie lachen,
sah sie tanzen, sah sie spielen.
Und das Leben kam zurück.

Die Menschen aber staunten
und bemerkten:

Das Spiel beginnt.

LITERATUR

Arendt, Hannah: *Vita activa oder Vom tätigen Leben*, 2. Aufl., München: Piper 1981.

Aristoteles: *Die Nikomachische Ethik*, übers. v. Olof Gigon, 2., überarb. Aufl., München: Artemis 1967.

Blumenberg, Hans: *Schiffbruch mit Zuschauer*, Frankfurt/Main: Suhrkamp 1979.

Bohnenkamp, Anne: *Es geht um Poesie. Schönste Texte der deutschen Romantik*, Frankfurt/Main: Fischer 2013.

Buber, Martin: *Das dialogische Prinzip*, 5., durchges. Aufl., Heidelberg: Schneider 1984.

Buytendijk, Frederik J. J.: *Wesen und Sinn des Spiels. Das Spielen der Menschen und der Tiere als Erscheinungsform der Lebenstriebe*, Berlin: Wolff 1934.

Buytendijk, Frederik J. J.: »Das menschliche Spielen«, in: *Neue Anthropologie*, Bd. 4: Kulturanthropologie, hrsg. v. Hans-Georg Gadamer u. Paul Vogler, München: dtv 1973, S. 88–122.

Croÿ, Emmanuel de: *Nie war es herrlicher zu leben. Das geheime Tagebuch des Herzogs von Croÿ, 1718–1784*, übers. u. hrsg. v. Hans Pleschinski, München: dtv 2014.

Fink, Eugen: *Oase des Glücks. Gedanken zu einer Ontologie des Spiels*, Freiburg/Breisgau, München: Alber 1957.

Fink, Eugen: *Spiel als Weltsymbol*, Stuttgart: Kohlhammer 1960.

Fronto, Marcus Cornelius: »Principia historiae«, in: *M. Cornelii Frontonis epistulae*, hrsg. v. Michael P. J. van der Hout, Berlin, Boston: Teubner 1988, S. 202–214.

Frühwald, Wolfgang (Hrsg.): *Gedichte der Romantik*, Stuttgart: Reclam 1984.

Gadamer, Hans-Georg: *Gesammelte Werke in zehn Bänden*, Tübingen: Mohr 1985–1995.

Heidegger, Martin: *Der Satz vom Grunde*, 9. Aufl., Stuttgart: Klett-Cotta 2006.

Heraklit: *Fragmente. Griechisch und deutsch*, hrsg. u. übers. v. Bruno Snell, 2., verb. Aufl., München: Heimeran 1940.

Hersche, Peter: *Gelassenheit und Lebensfreude. Was wir vom Barock lernen können*, Freiburg/Breisgau: Herder 2001.

Hesse, Hermann: »Glück«, in: Ders.: *Glück. Betrachtungen und Gedichte*, Frankfurt/Main: Suhrkamp 2000, S. 9–25.

Hillenkamp, Sven: *Das Ende der Liebe. Gefühle im Zeitalter unendlicher Freiheit*, durchges. Ausg., München: dtv 2012.

Hölderlin, Friedrich: *Sämtliche Werke und Briefe*, 2 Bde., hrsg. v. Günter Mieth, München: Hanser 1970.

Horkheimer, Max: *Zur Kritik der instrumentellen Vernunft*, Frankfurt/Main: Fischer 1986.

Huizinga, Johan: *Homo Ludens. Vom Ursprung der Kultur im Spiel*, 22. Aufl., Reinbek/Hamburg: Rowohlt 2011.

Hüther, Gerald: *Männer. Das schwache Geschlecht und sein Gehirn*, Göttingen: Vandenhoeck & Ruprecht 2009.

Jung, Carl Gustav/Kerényi, Karl: *Das göttliche Kind. In mythologischer und psychologischer Beleuchtung*, Albae Vigiliae, H. VI/VII, Amsterdam: Pantheon 1940.

Jünger, Friedrich Georg: *Die Spiele. Ein Schlüssel zu ihrer Bedeutung*, Frankfurt/Main: Klostermann 1953.

Juvenal: *Satiren. Lateinisch – deutsch*, hrsg. u. übers. v. Joachim Adamietz, Zürich, München: Artemis & Winkler 1993.

Kant, Immanuel: »Die Metaphysik der Sitten« (1785), in: Ders.: *Werkausgabe*, Bd. 8, hrsg. von Wilhelm Weischedel, Frankfurt/Main: Suhrkamp 1977, S. 303–634.

Kern, Otto (Hrsg.): *Orphicorum fragmenta*, Berlin: Weidmann 1922.

Mechthild von Magdeburg: *Das fließende Licht der Gottheit*, übers. v. Margot Schmidt, Stuttgart: Frommann-Holzboog 1995.

Niebelschütz, Wolf von: »Der Barock. Deutung einer großen Epoche« (1955), in: Ders.: *Über Barock und Rokoko*, Frankfurt/Main: Suhrkamp 1981, S. 9–39.

Nietzsche, Friedrich: *Sämtliche Werke*, Kritische Studienausgabe in 15 Einzelbänden, hrsg. v. Giorgio Colli u. Mazzino Montinari, 2., durchges. Aufl., München: dtv 1988.

Novalis: *Werke in einem Band*, ausgew. v. Hans-Dietrich Dahnke, 4. Aufl., Berlin, Weimar: Aufbau 1989.

Osten, Manfred: *»Alles veloziferisch« oder Goethes Entdeckung der Langsamkeit*, Göttingen: Wallstein 2003.

Otto, Walter F.: *Die Götter Griechenlands. Das Bild des Göttlichen im Spiegel des griechischen Geistes*, 8. Aufl., Frankfurt/Main: Klostermann 1987.

Platon: *Werke in acht Bänden*, hrsg. von Gunther Eigler, 2. Aufl., Darmstadt: Wissenschaftliche Buchgesellschaft 1990.

Rahner, Hugo: *Der spielende Mensch*, 11. Aufl., Einsiedeln: Johannes 2008.

Rilke, Rainer Maria: *Das dichterische Werk*, Frankfurt/Main: Haffmans bei Zweitausendeins 2005.

Safranski, Rüdiger: *Romantik. Eine deutsche Affäre*, München: Hanser 2007.

Schiller, Friedrich: »Über die ästhetische Erziehung des Menschen in einer

Reihe von Briefen« (1793), in: Ders.: *Sämtliche Werke*, Bd. 5, hrsg. v. Gerhard Fricke, 9., durchges. Aufl., München: Hanser 1993, S. 570–669.

Schlegel, Friedrich: *Werke in zwei Bänden*, ausgew. v. Wolfgang Hecht, 2. Aufl., Berlin, Weimar: Aufbau 1988.

Schmid, Wilhelm: *Schönes Leben? Einführung in die Lebenskunst*, Frankfurt/Main: Suhrkamp 2000.

Schröder, Michael (Hrsg.): *Die schönsten Liebesgedichte der Antike*, Frankfurt/Main: Insel 2005.

Xenophon: *Erinnerungen an Sokrates*, hrsg. v. Peter Jaerisch, Berlin: De Gruyter, 1987.

Xenophon: *Das Gastmal*, hrsg. v. Ekkehard Stärk, Stuttgart: Reclam, 1998.

Zimpel, André F.: *Spielen macht schlau! Warum Fördern gut ist, Vertrauen in die Stärken Ihres Kindes aber besser*, München: Gräfe und Unzer 2014.

ANMERKUNGEN

Vorspiel

1 Hermann Hesse: »Glück«, in: Ders.: *Glück. Betrachtungen und Gedichte*, Frankfurt/Main: Suhrkamp 2000, S. 9–25, hier S. 17.

2 Johan Huizinga: *Homo Ludens. Vom Ursprung der Kultur im Spiel*, 22. Aufl., Reinbek/Hamburg: Rowohlt 2011.

Feuerwerk für graue Zellen
Die Neurobiologie des Spielens

3 Friedrich Schiller: »Über die ästhetische Erziehung des Menschen in einer Reihe von Briefen« (1793), in: Ders.: *Sämtliche Werke*, Bd. 5, hrsg. v. Gerhard Fricke, 9., durchges. Aufl., München: Hanser 1993, S. 570–669, S. 618 (Brief 15).

Das Lächeln des Weisen
Zur Philosophie des Spielens

4 Heraklit: *Fragmente. Griechisch und deutsch*, hrsg. u. übers. v. Bruno Snell, 2., verb. Aufl., München: Heimeran 1940, Fragment 52.

5 Friedrich Nietzsche: »Die Philosophie im tragischen Zeitalter der Griechen«, in: Ders.: *Sämtliche Werke*, Kritische Studienausgabe [i. e. KSA], Bd. 1, hrsg. v. Giorgio Colli u. Mazzino Montinari, 2., durchges. Aufl., München: dtv 1988, S. 799–872, S. 830 f.

6 Eugen Fink: *Spiel als Weltsymbol*, Stuttgart: Kohlhammer 1960, S. 150.

7 Walter F. Otto: *Die Götter Griechenlands. Das Bild des Göttlichen im Spiegel des griechischen Geistes*, 8. Aufl., Frankfurt/Main: Klostermann 1987, S. 10.

8 Carl Gustav Jung/Karl Kerényi: *Das göttliche Kind. In mythologischer und psychologischer Beleuchtung*, Albae Vigiliae, H. VI/VII, Amsterdam: Pantheon 1940.

9 Otto Kern (Hrsg.): *Orphicorum fragmenta*, Berlin: Weidmann 1922, S. 110 f. (Nr. 34).

10 Hugo Rahner: *Der spielende Mensch*, 11. Aufl., Einsiedeln: Johannes 2008, S. 20 f.

11 Ebd., S. 25–27.

12 Friedrich Schlegel: »Gespräch über die Poesie« (1800), in: Ders.: *Werke in zwei Bänden*, Bd. 2, ausgew. v. Wolfgang Hecht, 2. Aufl., Berlin, Weimar: Aufbau 1988, S. 131–195, hier S. 168.

13 Martin Heidegger: *Der Satz vom Grunde*, 9. Aufl., Stuttgart: Klett-Cotta 2006, S. 186.

14 Friedrich Hölderlin: »Da ich ein Knabe war«, in: Ders.: *Sämtliche Werke und Briefe*, Bd. 1, hrsg. v. Günter Mieth, München: Hanser 1970, S. 230.

15 Platon: Lg. 803c–804b. Die Übersetzungen folgen: Platon: *Werke in acht Bänden*, hrsg. v. Gunther Eigler, 2. Aufl., Darmstadt: Wissenschaftliche Buchgesellschaft 1990.

16 Platon: Phl. 50b.

17 Xenophon: Memorab. I,3,8.

18 Xenophon: Symp. I.1.

19 Platon: Lg. 647d.

20 Platon: Phdr. 276e.

21 Rahner: *Der spielende Mensch*, S. 29.

22 Aristoteles: *Die Nikomachische Ethik*, übers. v. Olof Gigon, 2., überarb. Aufl., München: Artemis 1967, 1177a2 f.

23 Schiller: »Über die ästhetische Erziehung des Menschen in einer Reihe von Briefen«, S. 618.

24 Emmanuel de Croÿ: *Nie war es herrlicher zu leben. Das geheime Tagebuch des Herzogs von Croÿ 1718–1784*, übers. u. hrsg. v. Hans Pleschinski, München: dtv 2014.

25 Huizinga: *Homo Ludens*, S. 202.

26 Ebd., S. 199.

27 Wolf von Niebelschütz: »Der Barock. Deutung einer großen Epoche« (1955), in: Ders.: *Über Barock und Rokoko*, Frankfurt/Main: Suhrkamp 1981, S. 9–39, hier S. 35.

28 So Peter Hersche: *Gelassenheit und Lebensfreude. Was wir vom Barock lernen können*, Freiburg/Breisgau: Herder 2001, S. 67.

29 Huizinga: *Homo Ludens*, S. 196.

30 Schiller: »Über die ästhetische Erziehung des Menschen in einer Reihe von Briefen«, S. 572.

31 Ebd., S. 581.

32 Ebd., S. 573.

33 Ebd., S. 617 f.

34 Ebd., S. 616.

35 Ebd., S. 616 f.

36 Rüdiger Safranski: *Romantik. Eine deutsche Affäre*, München: Hanser 2007, S. 47.

37 Max Horkheimer: *Zur Kritik der instrumentellen Vernunft*, Frankfurt/Main: Fischer 1986.

38 Friedrich Schlegel: »Ideen« (1800), in: Ders.: *Werke in zwei Bänden*, Bd. 1,

ausgew. v. Wolfgang Hecht, 2. Aufl., Berlin, Weimar: Aufbau 1988, S. 261–284, hier S. 277 (§ 109).

39 Friedrich Schlegel: »Fragmente« (1798), in: Ders.: *Werke in zwei Bänden*, Bd. 1, ausgew. v. Wolfgang Hecht, 2. Aufl., Berlin, Weimar: Aufbau 1988, S. 187–259, hier S. 204 f. (Nr. 116).

40 Safranski: *Romantik*, S. 61.

41 Schlegel: »Gespräch über die Poesie«, S. 168.

42 Novalis: »Die Lehrlinge zu Sais« (1798), in: Ders.: *Werke in einem Band*, ausgew. v. Hans-Dietrich Dahnke, 4. Aufl., Berlin, Weimar: Aufbau 1989, S. 71–106, hier S. 92.

43 Novalis: »Vorarbeiten« (1798), in: Anne Bohnenkamp (Hrsg.): *Es geht um Poesie. Schönste Texte der Romantik*, Frankfurt/Main: Fischer 2013, S. 45 f. (Abs. 105).

44 Joseph von Eichendorff: »Wünschelrute«, in: Wolfgang Frühwald (Hrsg.): *Gedichte der Romantik*, Stuttgart: Reclam 1984, S. 332.

45 Schlegel: »Gespräch über die Poesie«, S. 184.

46 Friedrich Schlegel: »Über die Unverständlichkeit« (1800), in: *Werke in zwei Bänden*, Bd. 2, ausgew. v. Wolfgang Hecht, 2. Aufl., Berlin, Weimar: Aufbau 1988, S. 197–211, hier S. 209.

47 Joseph von Eichendorff: »Zwielicht«, in: Wolfgang Frühwald (Hrsg.): *Gedichte der Romantik*, Stuttgart: Reclam 1984, S. 311.

48 Eichendorff, zit. n. Safranski: *Romantik*, S. 215.

49 Novalis: »Die Christenheit oder Europa« (1799), in: Ders.: *Werke in einem Band*, ausgew. v. Hans-Dietrich Dahnke, 4. Aufl., Berlin, Weimar: Aufbau 1989, S. 325–346, hier S. 342.

50 Friedrich Nietzsche: »Ecce Homo«, in: KSA 6, S. 255–374, hier S. 297.

51 Friedrich Nietzsche: »Nachgelassene Fragmente, Sommer 1888«, 20 [40], in: KSA 13, S. 549–577, hier S. 556.

52 Friedrich Nietzsche: »Jenseits von Gut und Böse«, in: KSA 5, S. 9–243, hier S. 90.

53 Friedrich Nietzsche: »Die Geburt der Tragödie«, in: KSA 1, S. 9–156, hier S. 13 f.

54 Ebd., S. 26.

55 Ebd., S. 27.

56 Friedrich Nietzsche: »Jenseits von Gut und Böse«, S. 75.

57 Friedrich Nietzsche: »Also sprach Zarathustra«, in: KSA 4, S. 29.

58 Ebd., S. 31.

59 Ileana Grabitz: »Der Staat verliert den Kampf gegen die Spielhalle«, in: *DIE WELT*, 2. März 2013.

60 *Jahresreport 2014 der Glücksspielaufsichtsbehörden der Länder*, auf: Hessisches Ministerium des Innern und für Sport (22. Dezember 2015), URL: https://innen.hessen.de/sites/default/files/media/hmdis/jahresreport_2014.pdf, Datum des Zugriffs: 25. März 2016, S. 4.

61 Antje Schmid: »Goldgräberstimmung bei illegalen Glücksspielanbietern«, auf: Universität Hohenheim – Forschungsstelle Glücksspiel (28. Februar 2014), URL: https://gluecksspiel.uni-hohenheim.de/fileadmin/einrichtungen/gluecksspiel/Oeffentlichkeitsarbeit/pm_Symposium_2014.pdf, Datum des Zugriffs: 25. März 2016.

62 Siehe dazu Gerald Hüther: *Männer. Das schwache Geschlecht und sein Gehirn*, Göttingen: Vandenhoeck & Ruprecht 2009.

63 Bundeszentrale für gesundheitliche Aufklärung: *Glücksspielverhalten und Glücksspielsucht in Deutschland. Ergebnisse des Surveys 2013 und Trends*, Köln: BZgA 2014. Weitere Zahlen zur Spielsucht in Deutschland sind erhältlich bei der Forschungsstelle Glücksspiel der Universität Stuttgart-Hohenheim. Unter https://gluecksspiel.uni-hohenheim.de/ findet man Links zu zahlreichen Studien zum Thema.

64 Jan Willmroth: »Alles auf null«, in: *Süddeutsche Zeitung*, 8. Juli 2015.

65 Birgit Stratmann/Julian Böhm: »Wir haben Menschen süchtig gemacht«, auf: *Netzwerk Ethik heute* (o. D.), URL: http://ethik-heute.org/wir-haben-menschen-suechtig-gemacht, Datum des Zugriffs: 25. März 2016.

66 Juvenal: *Satiren. Lateinisch – deutsch*, hrsg. u. übers. v. Joachim Adamietz, Zürich, München: Artemis & Winkler 1993, 10, 81.

67 Marcus Cornelius Fronto: »Principia historiae«, in: *M. Cornelii Frontonis epistulae*, hrsg. v. Michael P. J. van der Hout, Berlin, Boston: Teubner 1988, S. 202–214, 18.

68 David Shamah: »Israel opens first-ever high-tech kindergarten«, in: *Times of Israel* (30. Oktober 2015), URL: http://www.timesofisrael.com/israel-opens-first-ever-high-tech-kindergarten/, Datum des Zugriffs: 26. März 2016.

69 Hans Blumenberg: *Schiffbruch mit Zuschauer*, Frankfurt/Main: Suhrkamp 1979.

70 Frank Patalong: »Steigender Medienkonsum: 585 Minuten Lebensausfall?«, in: *Spiegel online* (16. Januar 2013), URL: http://www.spiegel.de/panorama/gesellschaft/medienkonsum-steigt-auf-neue-rekordhoehe-a-877354.html, Datum des Zugriffs: 26. März 2016.

71 »ARD/ZDF-Onlinestudie 2015« (o. V., o. D.), URL: http://www.ard-zdf-onlinestudie.de, Datum des Zugriffs: 26. März 2016.

72 Hans-Georg Gadamer hat das sehr genau erkannt: »Die Seinsweise des Spiels lässt nicht zu, dass sich der Spielende zu dem Spiel wie zu einem Gegenstand verhält.« Hans-Georg Gadamer: *Wahrheit und Methode. Grundzüge einer philosophischen Hermeneutik* (1960), Gesammelte Werke, Bd. 1, Tübingen: Mohr 1986, S. 108.

73 Eugen Fink: *Oase des Glücks. Gedanken zu einer Ontologie des Spiels*, Freiburg/Breisgau, München: Alber 1957, S. 34.

74 Rainer Maria Rilke: »Duineser Elegien«, in: Ders.: *Das dichterische Werk*, Frankfurt/Main: Haffmans bei Zweitausendeins 2005, S. 801–831, hier S. 813.

75 Hölderlin: »Da ich ein Knabe war«, S. 230.

76 Gadamer: *Wahrheit und Methode*, S. 110.

77 Martin Buber: »Ich und Du« (1923), in: Ders.: *Das dialogische Prinzip*, Heidelberg: Schneider 1984, S. 7–136, hier S. 15.

78 Gadamer: *Wahrheit und Methode*, S. 111.

79 Eugen Fink geht so weit zu sagen: »Jedes Spiel, auch das verstockte Spiel des einsamsten Kindes, hat einen mitmenschlichen Horizont.« Und weiter: »Das Spiel ist uranfänglich die stärkste bindende Macht, ist gemeinschaftsstiftend.« Fink: *Oase des Glücks*, S. 41.

80 Friedrich Georg Jünger: *Die Spiele. Ein Schlüssel zu ihrer Bedeutung*, Frankfurt/Main: Klostermann 1953, S. 45.

81 Fink: *Oase des Glücks*, S. 23.

82 Jünger: *Die Spiele*, S. 50.

83 Fink: *Spiel als Weltsymbol*, S. 75.

84 Buber: »Ich und Du«, S. 32.

85 Gadamer: *Wahrheit und Methode*, S. 113.

86 Ebd., S. 114.

87 Fink: *Oase des Glücks*, S. 38.

88 Huizinga: *Homo Ludens*, S. 18. Siehe dazu auch Jünger: *Die Spiele*, S. 95–98; Gadamer: *Wahrheit und Methode*, S. 113.

89 Huizinga: *Homo Ludens*, S. 60.

90 Jünger: *Die Spiele*, S. 92.

91 Fink: *Spiel als Weltsymbol*, S. 131.

92 Siehe dazu den Abschnitt »Die spielende Kirche« in: Rahner: *Der spielende Mensch*, S. 44–58.

93 Huizinga: *Homo Ludens*, S. 104.

94 Ebd.

95 Ebd., S. 51.

96 Ebd., S. 103.

97 Die Zeitung *DIE WELT* berichtete von einem Memorandum von 30 Neurowissenschaftlern und anderen Forschern: »Das Gehirn sei zwar wie ein Muskel, dessen Funktionen man mit Rätseln, Programmen, Gedächtnisspielen trainieren könne. Derzeit gebe es ›keinen wissenschaftlichen Beleg dafür, dass markterhältliche Software-Programme oder andere kognitive oder soziale Interventionen einer Demenzerkrankung tatsächlich vorbeugen oder [sie] verzögern‹ könnten.« »Sudoku gegen Alzheimer« (o. V.), in: *DIE WELT*, 16. Mai 2009.

Leinen los und auf in die Freiheit! Von der spielerischen Lebenskunst

98 Nietzsche: »Jenseits von Gut und Böse«, S. 90.
99 Schiller: »Über die ästhetische Erziehung des Menschen in einer Reihe von Briefen«, S. 572.
100 Ebd., S. 581.
101 Ebd., S. 584.
102 Ebd., S. 585.
103 Ebd., S. 618.
104 Ebd., S. 573.
105 Wilhelm Schmid: *Schönes Leben? Einführung in die Lebenskunst*, Frankfurt/Main: Suhrkamp 2000, S. 178.
106 Ebd., S. 180.
107 Gadamer: *Wahrheit und Methode*, S. 118.
108 Ebd.
109 Buber: »Ich und Du«, S. 23.
110 Martin Buber: »Elemente des Zwischenmenschlichen« (1954), in: Ders.: *Das dialogische Prinzip*, 5., durchges. Aufl., Heidelberg: Schneider 1984, S. 271–298, hier S. 276.
111 Hans-Georg Gadamer: »Das Spiel der Kunst« (1977), in: Ders.: *Gesammelte Werke*, Bd. 8: *Kunst als Aussage*, Tübingen: Mohr 1993, S. 86–93, hier S. 93.
112 Anakreon: »Mit dem Purpurball«, in: Michael Schröder (Hrsg.): *Die schönsten Liebesgedichte der Antike*, Frankfurt/Main: Insel 2005, S. 22.
113 Sven Hillenkamp: *Das Ende der Liebe. Gefühle im Zeitalter unendlicher Freiheit*, durchges. Ausg., München: dtv 2012, S. 133.
114 Frederik J. J. Buytendijk: *Wesen und Sinn des Spiels. Das Spielen der Menschen und der Tiere als Erscheinungsform der Lebenstriebe*, Berlin: Wolff 1934, S. 95.
115 Immanuel Kant: »Die Metaphysik der Sitten« (1785), in: Ders.: *Werkausgabe*, Bd. 8, hrsg. von Wilhelm Weischedel, Frankfurt/Main: Suhrkamp 1977, S. 303–634, hier S. 390.

116 André F. Zimpel: *Spielen macht schlau! Warum Fördern gut ist, Vertrauen in die Stärken Ihres Kindes aber besser,* München: Gräfe und Unzer 2014, S. 10.
117 Ebd., S. 12.
118 Ebd., S. 60.
119 Ebd., S. 26.
120 Ebd., S. 8.
121 Ebd., S. 12.
122 Ebd., S. 61.
123 Oliver Wendell Holmes, zit. n. Zimpel: *Spielen macht schlau!,* S. 171.
124 Anregungen, wie das konkret aussehen kann, finden Sie auf der Internetseite www.kulturwandel.org.
125 Sehr Erhellendes dazu findet sich in Manfred Osten: *»Alles veloziferisch« oder Goethes Entdeckung der Langsamkeit,* Göttingen: Wallstein 2003.
126 Hannah Arendt: *Vita activa oder Vom tätigen Leben,* 2. Aufl., München: Piper 1981, S. 31–38.
127 Rahner: *Der spielende Mensch,* S. 44–48.
128 Notker I., zit. n. Rahner: *Der spielende Mensch,* S. 48.
129 Mechthild von Magdeburg: *Das fließende Licht der Gottheit,* übers. v. Margot Schmidt, Stuttgart: Frommann-Holzboog 1995, S. 194.